ソロトレッキングの登山術

ひとりで楽しく安全に山を歩くためのガイドブック

長谷川 治宏
HASEGAWA Haruhiro

文芸社

はじめに

初めて登山をするときは、登山の経験者と一緒に登ることが多い。登山ツアーに参加する人もいる。いわゆる「グループ登山」である。

やがて「ソロトレッキング」を始めてみたいという人が出てくる。このような人はグループ登山の、少し窮屈な面に気づいた人だと思う。

安全面から、単独での登山は良くないと言われている。しかしソロトレッキングの登山者は増えている。ひとりで自由に山に登ることが魅力だからだ。

登山は、無事帰ってくるまでが登山である。

どうすれば安全にソロトレッキングを楽しめるようになるのか。本書はソロトレッキングのリスクを最小限にするための知識や技術を解説する。登山の経験はあるがソロトレッキングをしたことはない、またはソロトレッキングの経験はあるが不安なところがある、といった方を対象にした内容とした。

本書の内容を実践すればソロトレッキングのスキルがステップアップするようになって

いる。また登山の楽しみを広げる、ソロトレッキングならではの楽しみ方も紹介した。単独登山を安全に楽しむ、熟練の「ソロトレッカー」を目指そう。本書がそのお役に立てば幸いである。

【もくじ】

第1章　ひとりで山を歩くということ

▼ソロトレッキングのメリット

グループ登山では一緒に登る人の歩く速度にペースを合わせる。いつも一緒に登る仲間ならペースが分かっている。

しかし登山ツアーなどではそうはいかない。遅い人がひとりでもいると、その人のペースに全員が合わせなければならない。休憩も決められた場所でいっせいに休憩する。疲れやすい人がいれば頻繁に休憩しなければならない。

ソロトレッキングなら、自分の好きな速度で歩き、好きなときに休憩が取れる。自分で選んだ登山コースを、好きなときに歩くことができる。登る山、泊まる山小屋も自由に決められる。

また、テントを持参すれば、更に自由なソロテント山行が可能である。自分ひとりで計画を実行し、登頂に成功したときは達成感もひとしおである。

▼ソロトレッキングのデメリット

自由で魅力的なソロトレッキングではあるが、もちろんデメリットもある。一言で言えば、それはすべて自己責任での行動が求められることである。

今までは誰かが計画を立ててくれたかもしれないが、ソロトレッキングでは計画はすべて自分で立てることになる。しかも安全な計画を立てなければならない。

またソロトレッキングの登山は、自分ひとりだけしかいない環境が前提だ。オーバーペースで歩行し、バテたとしても助けてくれる人はいない。オーバーペースにならない術《すべ》を身に付けなければならない。

登山コースは自分で地図を読んで進む。もし道に迷っても自分で解決する。きちんと地図が読めるようになっておかなければならない。

手袋など、忘れ物をしても借りることはできない。ほかに誰もいないのだ。自炊で調味料を忘れても、誰にももらえない。箸を忘れたぐらいなら、枝などで工夫できるが、塩やしょう油を忘れたらどうしようもない。忘れない術を身に付けるしかない。

▼重要なのは自己責任の心構え

ソロトレッキングでは忘れ物などのミスや体調不良などのトラブルを防ぎ、道迷いなどのトラブルが発生したら自分で解決する必要がある。

ソロトレッキングは自己責任が原則。この心構えが重要だ。自分が起こした行動の責任は自分で取る。

……と、脅かすような説明が続いてしまったが心配はいらない。これから各章で、ソロトレッキングに必要な知識やトレーニングを解説していくので、じっくり読んでほしい。ステップを踏んで実践をしてもらえば、ソロトレッキングに重要な技術や心構えが備わっていくはずだ。

事故や遭難の観点から、ソロトレッキングは避けた方が良いと言われている。しかし自由で魅力的なソロトレッキングを諦める必要はない。ステップを踏んで十分な知識と力量を付け、安全なソロトレッキングを楽しもう。

第2章　計画立案

▼計画を立てる（日帰りの場合）

計画を立てるときは「登山計画書（登山届）」のフォームを参考に計画すると良い。

登山計画書フォームは日本山岳協会や長野県のホームページなどから入手できる。必要な項目は、主に目的の山域・山名、登山コース、登頂日、名前、住所、携帯電話番号、緊急連絡先、装備品、エスケープルート（緊急時の短縮下山ルート）、登山保険の有無などである。

まず登る山を決める。次に登山コースを決める。地図やガイドブックを参考にして所要時間を把握し、無理のない登山コースを選定する。このとき、水場やトイレの有無を確認しておく。

ここで一番重要なのは余裕を持った登山コースを計画することである。

実際の登山で時間の余裕がないと、電車やバスの出発時刻が差し迫るといった状況になりやすい。そうなると急がなければならないという気持ちから、冷静な精神状態でいられなくなる。するとミスやトラブルが起きやすい。

実際に筆者は焦りから道に迷ったり、転倒するなどの経験をしている。ソロトレッキングではこのような精神状態を招かないような計画を立てなければならない。

登山コースが決まったら、登山口までの交通を確認する。電車で行くのかマイカーで行くのか、またバスを利用するのかを決める。必要なら特急電車の指定席を予約する。山へ行くバスは１日の本数が少ないことが多い。バスを利用する場合は事前にバス会社のサイトなどで時刻表を必ず確認しておこう。

▼計画を立てる（宿泊の場合）

登山計画書の装備品記入欄は主要なものだけを記入するものが多い。しかし、装備品はコンロや食器も含め、すべて一覧にして登山計画書とは別に「装備表」としてリストを作成しておくと良い。持参する装備の計画や、出かける前のチェックリストとして利用できるので便利である。

また装備表は日帰り用や小屋泊用、無積雪期用と積雪期用などの種類を作成しておくとより便利である。

小屋泊登山など宿泊をともなう登山の計画も、登山計画書フォームの項目を参考に計画を立てる。

登る山を決め、地図などを参考に登山コースを選定し、所要日数を把握する。更に泊まる山小屋を選んで日程を決める。日程が決まったら早めに山小屋に連絡し予約をする。

登山を続けていくと、登山届として提出する登山計画書フォームと、実際に登山をするときに使用する登山計画書のフォームを別にした方が良いと気づくだろう。実際の登山中に使用する登山計画書フォームは、自由に項目を追加して使いやすいようにしておけば良い。

登山の計画を立てるのは楽しい。予約した山小屋はどんな山小屋だろう、山頂からはどのような景色が見られるだろう、帰りの特急ではビールが飲みたい、などと想像してすぐ山へ行きたくなってしまうが、登山当日までは我慢である。

▼登山計画書を提出する

作成した「登山計画書（登山届）」を提出する。ソロトレッキングでは登山計画書の提出が非常に重要になる。なぜなら、万が一ソロトレッキングの登山者が遭難したときに、捜索するための唯一の情報だからである。

ソロトレッキングの登山者が登山計画書を提出せず、また家族へ登る山を伝えずに遭難した場合、家族は捜索を依頼するために必要な情報が何もないので捜索依頼ができない。結局捜索が開始できず行方不明のままという事例が少なくない。

家族に「山へ行ってくる」と言ってソロトレッキングに出かけ、そのまま帰ってこない……。家族は無念だが何もできないのである。

もし口頭で登る山を伝えていても、家族は山の場所を知らず、同じ名前の山もたくさんあるので、結局山を特定できなくて捜索を依頼することができない場合もある。登山計画書の提出はとても重要なのである。

登山計画書は、基本的に登山する山を管轄する警察本部か警察署へ提出する。

また多くの登山口に登山計画書の提出ポストがある。提出ポストのない登山口もあるので、提出ポストの設置が事前に確認できない場合は、ほかの手段で提出した方が良いだろう。もちろん家族にも登山計画書の控えを必ず渡しておくことが重要だ。

現在、山岳地域の警察本部のホームページや、メールでも提出できるところが増えている。前もって提出しておこう。

お奨めは、「日本山岳ガイド協会」が運営する「コンパス」(山と自然ネットワーク　コンパス)での提出だ。パソコンのＷｅｂサイトやスマートフォンのアプリから登山計画書が提出できる。コンパスで登山計画書を提出すれば、あらかじめ登録した家族などにメールで計画書や下山の通知が送られる。とても便利である。

最近は登山計画書の提出が県の条例で義務づけられている山域がある。長野県や岐阜県はこのコンパスでの登山計画書の提出も認めているのでぜひ活用しよう。

※山と自然ネットワーク　コンパス　https://www.mt-compass.com/

▼マップコード

マイカーで登山口へ向かうとき、カーナビで登山口が検索できなくて困ったことはないだろうか。

しかし、マップコードを使用するとピンポイントで登山口を指定することができる。マップコードとは株式会社デンソーが開発した技術で、日本全国を四角く区分けして６桁から12桁のコードを割り当てたもの。住所がなくても日本全国のどの場所でも３メートル四方で指定できる。

マップコードは無料で利用できるが、マップコードに対応したカーナビが必要だ。行きたい登山口のマップコードを知るには、登山口の情報を提供しているサイトを検索する。検索結果の中からマップコードを提供しているサイトを選べば、該当の登山口のマップコードを入手できる。あとはカーナビに入手したマップコードを入力すれば設定は完了だ。これで登山口にピンポイントで到着できる。

ちなみにデンソーが提供しているサイトを使えば、グーグルマップからマップコードを自分で作ることも可能だ。

※マップコード　https://www.denso-communications.jp/mapcode/

▼食料計画

ここでお奨めするのは「食料計画書」の作成だ。登山の間、いつ、何を食べるのかを計画し記入するものだ。

たとえば「1日目の昼食は行動食のおにぎりを食べ、夕食は山小屋が提供する食事（小屋食）を食べる。2日目の朝食も小屋食、2日目の昼食は行動食のパンを食べ、その後下山する」といった内容である。また持っていく水の量も記入しておくと良い。なお自炊であれば献立と必要な材料を記入する。

本来食料計画書は、グループでテント泊、自炊登山をするときに食事担当になったメンバーがグループ全員分の食料の計画を立てるときに作成するものである。しかし、これはソロトレッキングでも有効である。特に自炊の計画のときは、必ず食料計画書を作成しよう。

▼必要な水と食事の量

体重六十キログラムの人が五時間行動した場合、１・５リットルの水分が失われる計算になる（登山中の脱水量＝体重×行動時間×５ミリリットル）。

これは計算で出した目安であり、実際は気温の影響や個人差がある。余裕のある水の量を持参しよう。

また、食事の量であるが、60キログラムの人が五時間行動した場合の消費カロリーの目安は、約１５００キロカロリーとなる。食べ物で例えるとコンビニのおにぎり9個分だ。計算式は（カロリー＝体重×行動時間×５キロカロリー）。

実際の消費カロリーは気温や背負う荷物の重さの影響を受ける。登山日数から食事回数を把握し、食料計画を立てる。特に自炊登山では日数が長くなればなるほど食料計画が重要になるのはお気づきであろう。

なおどんなスタイルの登山であっても、非常食を食料計画に含めて持参すること。

第3章　読図

▼地図の種類

登山によく使われるのは昭文社の「山と高原地図」をはじめとした登山地図と、国土地理院が発行している地形図だ。

地形図は測量を元に作られ、標高や地形、河川や道路などが記載され、全国を網羅している。大型の書店や一部の登山用品店、インターネットで購入できる。地形の詳細が載っているが、読むのに慣れが必要なのと入手しにくいので利用している人は少ない。

※国土地理院電子地形図25000ホームページ
https://www.gsi.go.jp/kibanjoho/kibanjoho40030.html

登山地図は地形図を元に登山に便利な情報を記載したもので、コースタイムやトイレの場所、見られる花の種類やクサリ場なども記載されているので便利である。

これは主要な山域別で販売され、一般の書店で購入できる。「山と高原地図」は入手しやすいので多くの人が利用している。

このように登山に便利な情報を得ることができる登山地図だが、あまりにもたくさんの情報が記載されているため地形の詳細は読みづらい。一方地形図は、登山に便利な情報は得られないが地形の詳細は読みやすい。実際の登山での理想は、登山地図と地形図の併用だろう。

▼縮尺

地形図は１万分の１、２万５０００分の１、５万分の１、20万分の１の縮尺が国土地理院から提供されている。登山地図（山と高原地図）の縮尺は５万分の１である。

２万５０００分の１の縮尺は、実際の２５０メートルの距離を地図上の１センチメートルに、５万分の１の縮尺は実際の５００メートルの距離を地図上の１センチメートルにしたものだ。

登山で使用される地図の縮尺は5万分の1か2万5000分の1だ。2万5000分の1の地図は地形の詳細が見やすく、5万分の1の地図は広域を把握するのに向いている。登山を計画するときは、コースタイムが記載されている登山地図（5万分の1）が使いやすい。

登山中は2万5000分の1の縮尺の地形図の使用を推奨する。5万分の1の登山地図は地形の詳細が見えにくい。特に奥多摩や秩父などは迷いやすいので、2万5000分の1の地図を必ず併用してほしい。

▼等高線と地図記号

尾根や谷の形状、標高は「等高線」で表されている。等高線とは同じ高さの地点を結んだ線だ。ピーク（山頂、峰）の地点は閉じた輪になる。

斜面では等高線の間隔が広いと傾斜が緩く、等高線の間隔が狭いと傾斜がきつい。急傾斜の斜面は等高線が混み入って見える。等高線の間隔は、5万分の1の地図では20メートル、2万5000分の1の地図では10メートルの標高差となる。

等高線は細線（主曲線）と太線（計曲線）が使われ、2万5000分の1の地図なら細線は10メートルごと、太線は50メートルごとになる。地形図を見て、尾根や谷、鞍部の地形が判断できるようになっておこう。

なお5万分の1の地図では20メートル、2万5000分の1の地図では10メートル以下のピークは地図に表れないので注意が必要だ。

また地形図には地図記号が使われているが、一般の道路地図にはない、見慣れない地図記号がある。それは送電線やリフト、岩や崖、砂れき地といった地図記号で、実際の登山で現在地を特定するのに役に立つ。ハイマツ地や広葉樹林などの地図記号もあり、植生が分かるようにもなっている。地形図によく使われている地図記号は覚えておこう。

◆理想の登山地図

吉備人出版から「首都圏登山詳細図」という登山地図が発行されている。縮尺は1万6500分の1とうれしい大きさである。地形の詳細は非常に見やすく、登山に必要な情報も網羅されている。理想的な地図であるが、残念ながら提供されている山域が限られている。現在、奥多摩、奥武蔵、丹沢、高尾山、箱根、六甲山が提供されている（一部は縮尺1万2500分の1）。

▼地形図の目安

地形図で覚えておくと便利な目安には次のようなものがある。

2万5000分の1の地図を例に説明する。距離は地図の1センチメートルが実際の250メートルになる。1ミリメートルなら25メートル。また1キロメートルなら4センチメートルだ。

また地図上の情報から歩行時間を算出する目安もある。距離1キロメートルは20分、高度差100メートルは15分で計算する。たとえば距離1キロメートル、高度差100メートルを登る場合、20分（距離1キロメートル）＋15分（高度差100メートル）で35分となる。ただし実際の歩行時間は個人差が出るので、目安の時間を補正してほしい。

▼読図に必要な道具

登山中に地図を読む（読図）のに必要な道具は地図とコンパスだけである。

コンパスを使いこなすには「ベースプレートコンパス」で練習するのが良い。ベースプレートコンパスはコンパスの下に透明なプラスチックの板が付いたもの。スウェーデンの「シルバ社」製が有名である（詳細は後述）。

コンパスの種類には、ベースプレートコンパス以外にも腕時計に内蔵されたコンパスや、ハンディＧＰＳに内蔵されたコンパスなどがある。ベースプレートコンパスが使いこなせるようになったら好きなコンパスを選んで使おう。

なおスマートフォンのアプリにもコンパスがあるが、スマートフォンの性能や設定に左右されるので、あまり頼りにしない方が良いだろう。

地図とコンパス以外では、高度計を持っていると役に立つ。

高度計には気圧を利用して高度を出すものと、ＧＰＳ

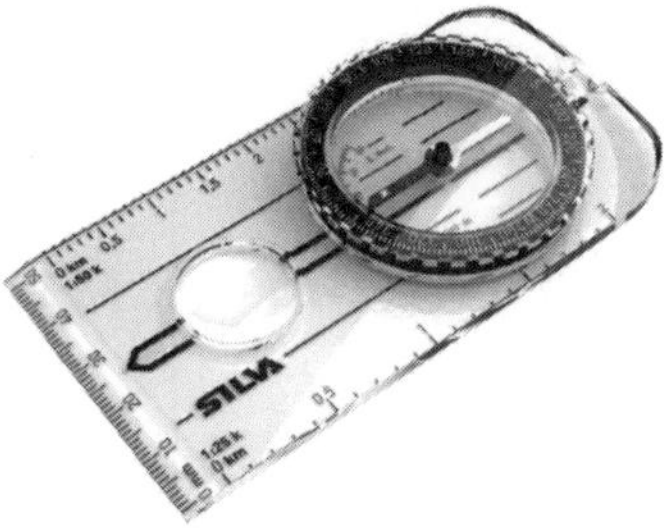

シルバ社のベースプレートコンパス。
写真提供　（株）エバニュー広報部

磁北線

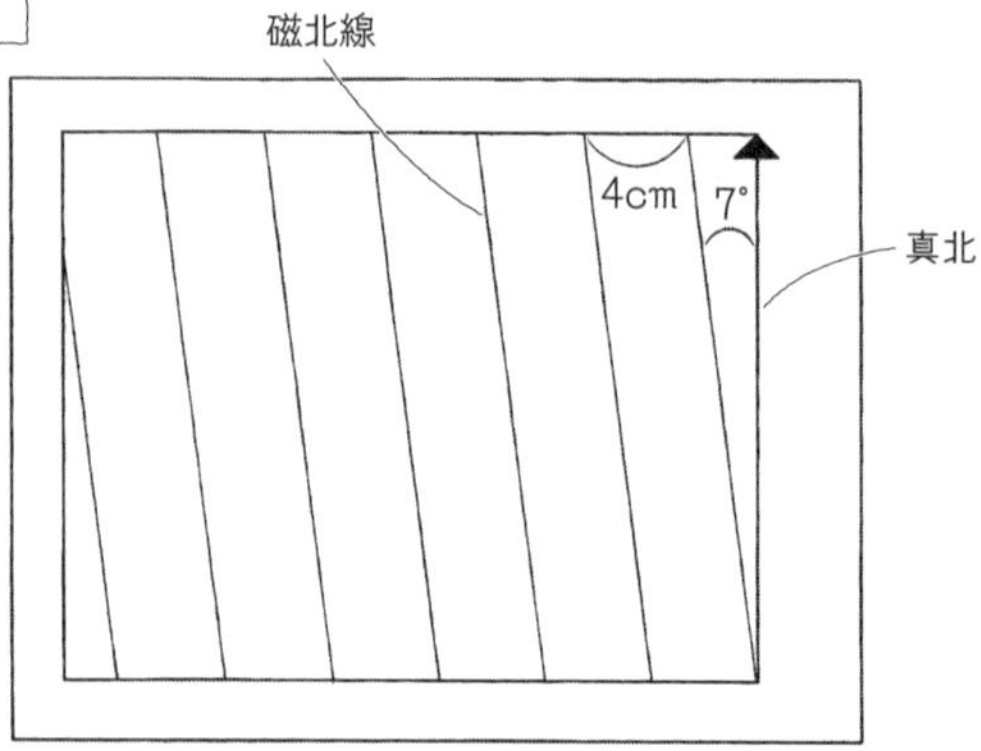

偏角 $7^\circ\ 30' = 7^\circ + \frac{30}{60} = 7.5^\circ$（約 7°）

を利用して高度を出すものがある。気圧を利用して高度を出すものは、天候による気圧変動の影響を受け、高度に誤差が出るので補正が必要になる。

▼コンパスの使い方（準備）

まずは準備として、地図に斜めの線（磁北線という）を引く。

地形図や登山地図は実際の北（真北）の方角を北として作られている。しかし真北の方角に向いても、コンパスの針は真北を指さず、真北からわずかに西（左）にある磁北を指してしまう（西偏という）。この真北と磁北の差を補正する角度（偏角）を傾けて記した線が磁北線である。

磁北線を引くためには偏角を調べる。日本であれば五度から十度であるが、場所によって偏角は違う。地形図や登山地図を参照すると、地図のどこかにその山域の偏角が記載されている。「西偏7度30分」などと書かれているので控えておこう（これは60進法）。

次に、その西偏7度30分の角度を算出するため、360度から7度30分（約7度）を引く。角度は353度になる。

最後に磁北線を地図に記入する。分度器かベースプレートコンパスの目盛りを利用して、まず地図の端などの縦線から353度の線を引く。この線を元に平行な線を何本か引いていく。このとき、四センチメートルごとに線を引いていけば、線の間隔は実際の1キロメートルになる（2万5000分の1の地図の場合）。

基本が分かったら、本州の山に登るなら西偏角度は7度と覚えておけば良い。北海道なら9度、九州なら6度（南西諸島は5度）と覚えておこう。

ベースプレートコンパスの各部名称

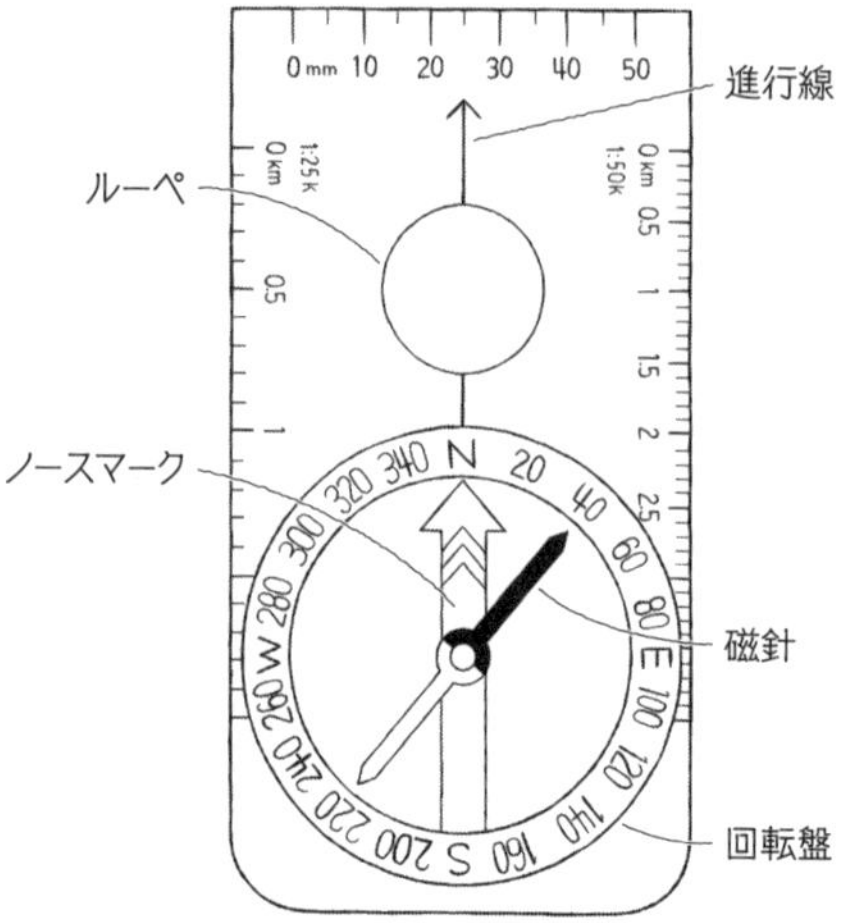

▼コンパスの使い方（基本）

現地で読図をするには地図と実際の地形を合わせる作業が必要になる。まず体の前に地図を持ち、文字が読めるように持てば地図の「北」が前方になる。

そして地図の上にコンパスを置く。このとき、コンパスが水平になるように持つこと。コンパスが傾いていると磁針が正しい方向を指さない。

次に体を回転させ、地図の北（磁北線）とコンパスの北（磁針）を平行に合わせる。地図の北とコンパスの北を平行に合わせるときは、必ず体を回転させること。地図やコンパスを回してはならない。

地図の北（磁北線）とコンパスの北（磁針）が平行になれば、地図の地形と実際の地形が合うようになる（これを「整地する」という）。周りを見渡せば実際の地形と地図の地

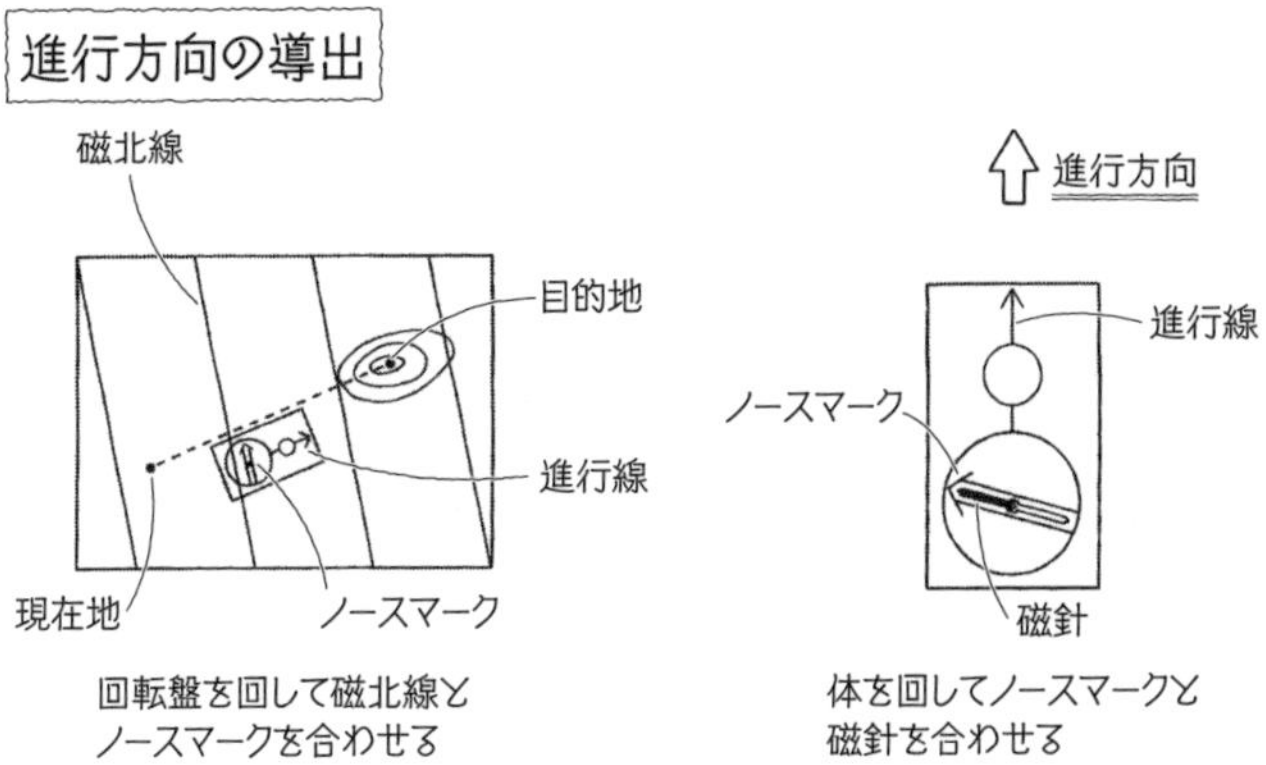

形が合致していることが確認できる。これで現在地の特定が可能になるのだ。

▼コンパスの使い方（実践）

ベースプレートコンパスを使って進行方向を導き出す方法を紹介する。

ベースプレートコンパスはコンパスの下に透明なプラスチック板が付いたもので、この長方形の板には進行方向を表す矢印（進行線）が書かれている。板上のコンパスの周囲には目盛りのついた丸い回転盤があり、回せるようになっている。回転盤の中には「北」を表す矢印（ノースマーク）が書かれている。

進行方向を導き出すには、まず地図の現在地と目的地を確認する。次に現在地と目的地を結ぶ線上とベースプレートコンパスの進行線（板の矢印）を合わせる。

回転盤を回転させ、ノースマークを地図の磁北線に合わせる。これで目的地へ向かう進行方向が導き出された。進行線（板の矢印）が目的地へ向かう進行方向だ。

ここからは地図は要らない。ベースプレートコンパスだけを水平に持ち、コンパスの北（磁針）と回転盤の矢印（ノースマーク）を合わせるように体の向きを回転させる。コンパスの北（磁針）と回転盤の矢印（ノースマーク）が合ったら、進行線（板の矢印）が目的地へ向かう進行方向だ。このとき、決して回転盤を動かしてはいけない。体の向きを回転させて合わせる。

以降、進行方向の確認はベースプレートコンパスだけを使い、コンパスの磁針とノースマークを合わせて進行方向を頻繁に確認する。

この方法はベースプレートコンパスだけでいつでも進行方向を確認できるので、広い尾根や霧で視界が悪いときなどに効果を発揮する。あらかじめ練習して身に付けておこう。なお、この目的地への進行方向の導出・確認方法は、ベースプレートコンパスでのみ使用できる優れた方法だ。ほかのコンパスで同様のことはできない。

▼実際の読図

実際の登山で目的地に向かうときには次の順番で読図を行う。

①現在地の把握、②進むべきルートの確認、③ルート維持。

登山中はこの三つのサイクルを常に実施する。「現在地の把握」は現在地が確認できるポイントで、現在自分はどこにいるのかを確認する。整地して地図の地形や地図記号と実際の風景を照らし合わせて、現在自分はどこの位置にいるかを特定する。このとき、高度計を持っていれば標高が分かるので、地図の標高（等高線を読む）と照合すれば、現在地特定の判断材料になる。

現在地の把握ができたら「進むべきルートの確認」を行う。自分で計画した登山コースを地図で確認する。現在地の把握ができていれば、これからどのような道が現れるかが、地図から想定できる。谷へ下るのか、尾根を東へ進むのか、などである。

ルートの先読みを行った結果、尾根道を東へ進むということが分かったなら、歩きながら尾根道を東へ進んでいることを確認する。これが「ルート維持」だ。

東以外の方向へ進んだり、尾根道を外れたりしたなら、道を間違えたことになる。道を間違えたときは必ず直近で現在地を把握した地点まで戻り、読図をやり直す。登山中は確認できるポイントごとに、現在地の確認、進むべきルートの確認、ルート維持を繰り返していく必要がある。

◆磁北線がある地図

昭文社の「山と高原地図」にはあらかじめ磁北線が書かれている。わざわざ手作業で磁北線を書かかなくてもよいので便利である。なお「山と高原地図」の磁北線表記は2018年版から。2017年以前のものは磁北線が書かれていないので注意しよう。

▼GPS

現在地の把握に抜群の効果を発揮するのが「GPS」だ。

GPSは上空にあるGPS衛星からの信号を受信、計算して、地図、現在地や標高を表示する。GPS衛星からの信号が受信できない屋内や地下などでは使用できない。

GPSには現在地の表示のほか、強力な機能として「トレースログ機能」がある。登山を開始するときにトレースログ機能を有効にすると、トレースログ（歩いた軌跡）が常にＧＰＳへ保存される。

特に便利なのは登山口と山頂を往復するピストン登山のときだ。ピストン登山は登るときと同じ道を下るので、下山中に不安があればトレースログを確認する。登るときに通った道なのか確認できるので道迷いを防ぐのに役立つのだ。

現在地の把握に頼れるＧＰＳだが、弱点は広域を把握できないこと。地図が表示される画面が小さいので、山域全体を把握することは困難だ。ここが紙の地図と一番違うところだ。自分が今いる位置は山のどのあたりなのか、紙の地図を広げれば広域が把握しやすい。

ＧＰＳのリスクとしては故障や電池切れがある。突然使えなくなることを想定しなければならない。やはり紙の地図とコンパスを常に使用すべきだ。

▼GPS専用機

登山で使用するＧＰＳには「ハンディＧＰＳ」と呼ばれるＧＰＳ専用機と、スマートフォンの地図アプリがある。

ＧＰＳ専用機は現在地表示とトレースログ取得に特化した機器で、「ガーミン社」製が有名だ。ハンディ型のほか腕時計型もある。

ＧＰＳ専用機のメリットは、精度が高いこと。現在地表示の誤差が少ないので信頼できる。そのほか、本体が頑丈にできている。地形図内蔵の機種であれば全国のすべての地形図があらかじめ搭載されているので安心である。

電源は乾電池のものが多い。予備の乾電池を持っていれば安心して使い続けることができる。目的の山へ移動するときでも乾電池なら比較的入手しやすいだろう。

ＧＰＳ専用機のデメリットは何と言っても高価なことだ。しかし自分の命はお金に代えられない。ソロトレッキングの登山者はぜひ購入してほしい。

また設定によっては電池切れが早いこともある。バックライトの明るさを抑えるなど省電力の設定をしてほしい。

▼ＧＰＳアプリ

ハンディＧＰＳとして使えるスマートフォンの地図アプリ（登山地図アプリ）は、アプリごとに地形図が提供され、スマートフォンのＧＰＳ機能を使用して現在地を表示してくれる。

携帯の電波が受信できなくても地図アプリは使用できる。もちろんトレースログ機能も提供されているので、歩いた軌跡が保存される。

登山で使える地図アプリは「ＹＡＭＡＰ」や「ヤマレコＭＡＰ」、「ジオグラフィカ」などが有名だ。

スマートフォンの地図アプリのメリットは、スマートフォンがあれば無料で始められること。機能制限を解除するのに課金が発生するものもあるが、基本的に無料で利用できる。次に機能が豊富であること。現在地の表示や登山道の確認、他の登山者とトレースログを共有する機能などがある。中にはトレースログや現在地を家族や友人にリアルタイムで通知する機能を持つものもある。

スマートフォンの地図アプリのデメリットは、あらかじめ地図をダウンロードしなければならないこと。携帯の電波がなければ地図をダウンロードできないので、必ず事前にダウンロードしておかなければならない。携帯の電波が届かない山域を登山していて地図のダウンロードを忘れていたら、もうお手上げだ。

更に地図は山域ごとにダウンロードしなければならない。登山をする山を決めたら、事前に目的地の山域の地図を、そのつどダウンロードする必要がある。地図がダウンロードしてあれば携帯の電波は不要だ。機内モードでも使用できる。

次のデメリットは、すべての山の地図が提供されてはいないこと。ダウンロードする地図がない山域は利用できない。またGPSの精度にばらつきがあること。スマートフォンの機種によっては、現在地を表示するのに誤差が発生することがある。特に古いスマートフォンで誤差が発生する。スマートフォンは新しい機種を使用したい。

もうひとつは、スマートフォンはバッテリー切れが発生すると使えなくなること。登山道に充電できるコンビニなどはない。そこで、地図アプリを使うときは機内モードにしてバッテリーの消費を抑えたい。また充電ができる携帯バッテリーも忘れずに持っていこう。

スマートフォンの地図アプリはとても便利で、機能もどんどん進化している。しかし頼りきってはならない。スマートフォンの地図アプリだけで、紙の地図を持たずに山に入った登山者の遭難事故が多数発生している。スマートフォンのバッテリー切れや紛失で道に迷った末、遭難しているのだ。

実際の登山では紙の地図とコンパスを使うのが基本である。そしてGPSはメインでG

ＰＳ専用機を使用し、サブでスマートフォンの地図アプリを使用する。ソロトレッキングの登山者は紙の地図およびＧＰＳ専用機と地図アプリを必ず併用してほしい。

（注・この項目は代表的な地図アプリやスマートフォンを元に解説しています。機能は地図アプリやスマートフォンによって異なります）

◆方角の目印

三角点（三角測量に用いる際に経度・緯度・標高の基準になる点）の側面のひとつに「〇等三角点」という文字が彫られている。この文字がある側面は原則南側となっているので、方角の目安になる（例外もある）。

また、幹の一方向だけに苔が生えている樹木がある。この苔の生えている方向は北側である。北側は雨などの水分が乾きにくいので苔が成長しやすいためだ。

第4章　山の天気

▼高気圧・低気圧と前線

自己責任を原則とするソロトレッキングでは、天気の判断も自分で行わなければならない。

ここでは天気を判断するのに必要な知識を解説していく。

まず天気図。天気図には気圧を表す「等圧線」が書かれている。等圧線は天気図上で同じ気圧の地点を結んだ線だ。等圧線は4ヘクトパスカル間隔で書かれ、地形図の等高線と同様に枝分かれも交差もしない。5本（20ヘクトパスカル）ごとに太線が書かれる。

水の流れと同様に気圧も高い方から低い方へ風は流れる。等圧線の密度が高いところは傾斜が急で、風が強くなるので注意が必要だ。

・高気圧

相対的に周囲より気圧が高く、等圧線が丸く閉じているところが高気圧だ。周囲より温度が低い場所で発生する。高気圧の中心は気圧が高いので、乾燥した下降気流が上空から降りてきて雲を消すので天気が良くなる。下降気流は中心から30度の角度で時計回りに外側へ吹き出す。高気圧の東側は風が北側から吹くので気温は下がり、高気圧の西側では風が南側から吹くので気温が上がる。

・低気圧

相対的に周囲より気圧が低く、等圧線が丸く閉じているところが低気圧だ。周囲より温度が高い場所で発生する。中心の気圧が低い低気圧は周囲の空気や風を引き寄せる。引き寄せられた空気や風は高気圧とは逆に、反時計回りに低気圧の中心に吹き込む。中心で上昇気流となった空気は高度を上げ、冷やされ、水蒸気が雲となるので天気は悪化し、雨を降らせる。南側から湿った暖かい空気が吹き込むとさらに天気は悪化する。

・前線

冷たい空気と暖かい空気が衝突するところに前線ができ、天気が悪化する。

温暖前線は低気圧の中心から南東に伸びている。冷たい空気があったところに暖かい空気が上に這い上がる前線。雨は長時間降ることが多い。

寒冷前線は暖かい空気があったところに冷たい空気が下に潜り込む前線。積乱雲から強い雨が降る。落雷や雹《ひょう》をともなうことも多い。

閉塞前線は温暖前線に寒冷前線が追いついた状態の前線。温暖前線と寒冷前線両方の性質を持つ。冷たい空気の接触により冷たい雨が降る。

停滞前線は暖かい空気と冷たい空気の勢力が同じくらいで、その境にできる前線。長期間同じような場所に停滞する。梅雨前線や秋雨前線がその代表だ。長雨をもたらす。

▼遭難が起こりやすい気圧配置

日本海低気圧は、日本海を発達しながら東あるいは北東へ進んでいく低気圧。低気圧の中心は東北地方や北海道を通過する。前半は南寄りの強風が吹き気温が上がる。後半は北西寄りの冷たい強風が急に吹く。台風並みに発達すると大荒れの天気になるので注意が必要だ。

南岸低気圧は、日本列島の南岸を発達しながら東に進んでいく低気圧。春から秋にかけてよく発生する。暖気を運んでくる日本海低気圧とは対照的に日本に寒気を運ぶことが多い。東側に温暖前線、西から南側に寒冷前線が形成される。太平洋側の山に大雨や大雪を降らせる。

二つ玉低気圧は、二つの低気圧が日本海と太平洋で日本を挟むように進む低気圧。全国的に大きく天気が崩れるので特に注意が必要だ。東日本の東方沖で低気圧がひとつにまとまり、台風並みの暴風雨をもたらす爆弾低気圧になることもある。

▼天気図

山の天気を判断するには、これまで解説してきた天気の基礎知識を元に、天気図から天気の状態を読み取れるようにならなければならない。

理想はラジオの気象通報を聞いて天気図（ラジオ天気図）が書けるようになることだ。

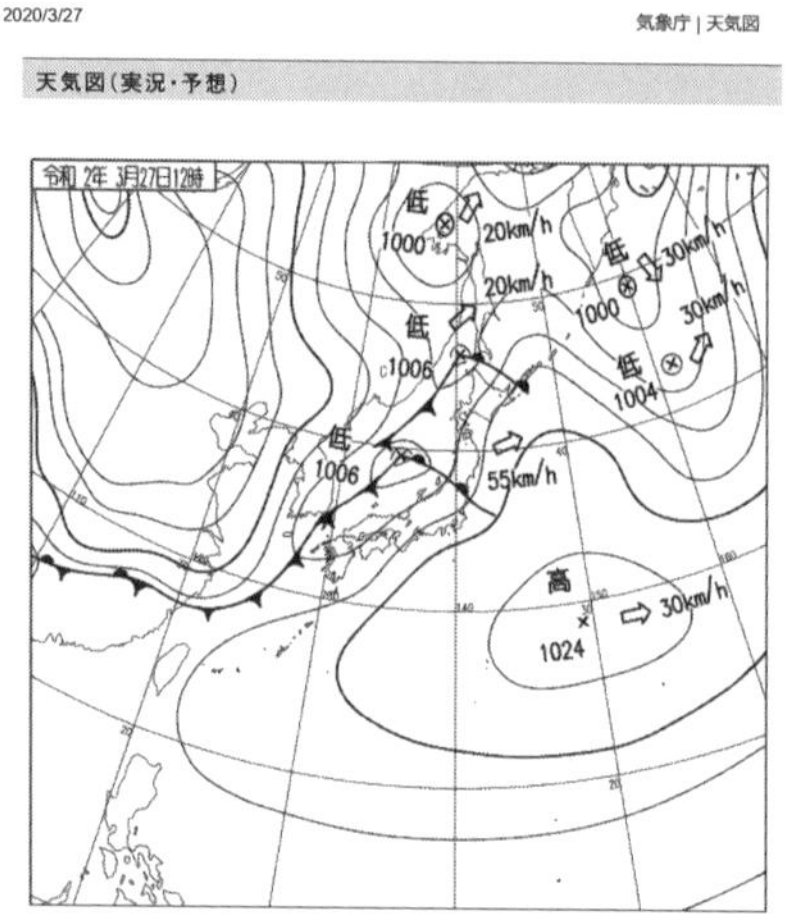

天気図の例(2020年3月27日)

ラジオ天気図が書けるようになれば、テレビやインターネットを見ることができない山域の長期山行でもラジオが受信できれば天気図を書いて天気を把握できる。

ここではラジオ天気図の書き方を解説する。ラジオ天気図の作成は、天気図のことを覚えるのにとても役に立つ。ぜひ試みてほしい。

まず天気記号を把握する。「快晴」は白丸(○)、「くもり」は二重丸(◎)、「雨」は黒丸(●)という形で二十一種類ある。よく使う天気記号は多くないので覚えやすいだろう。

次に天気記号に風向の線を書く。「北の風」だったら天気記号の丸の上側に線を引く。そして風力は先程書いた風向の線の右側に、「風力1」なら一本、「風力2」なら二本の線を矢のように斜めに書く。「風力6」までは矢線を右側に、「風力7」からは左側に矢線を書く。

その他、「高気圧」は「H」または「高」を青字で記入、「低気圧」は「L」または「低」、「台風」は「T」または「台」を赤字で記入する。「温暖」「寒冷」「閉塞」「停滞」の各前線はそれぞれ天気図記号があるので覚えておく。

次にラジオ天気図の用紙を用意する。これは大型の書店や一部の登山用品店、インターネットで購入できる。ラジオ天気図用紙は№．1と№．2がある。№．1は天気記号の説明などが載っているので№．1から使い始めるのがお奨めだ。ラジオ天気図用紙が用意できたら、実際にラジオ天気図を書いてみよう。

気象通報は、ＮＨＫラジオ第2放送で毎日午後4時から20分間放送される。放送される内容は当日正午の気象の情報だ。ちなみに気象通報は以前、1日3回（午前9時、午後4時、午後10時）放送されていたが、２０１４年4月からは1日1回（午後4時）の放送になっている。

気象通報の放送が始まったら、気象の情報を聞きながら、各地（54ヶ所）の天気、風向、風速を書き込む。次に低気圧や高気圧、前線を書き込む。最後に等圧線を書き込む。等圧線を書くのは難しいので放送後にじっくり書き込み、慣れていこう。以上でラジオ天気図の作成は完了だ。

もし聞き逃したときは、気象庁のホームページから気象通報のデータがダウンロードできるので、それを見て天気図を作成する。ダウンロードのデータは、正午の気象の情報が毎日、午後6時ごろ更新される。

▼平地と山の天気は違う

低気圧のところで若干触れたが、水蒸気を含む湿った空気が上昇気流で冷やされると雲が発生する。このような原理で雲が増えていく。雲が成長すれば天気は悪化する。

平地では低気圧や台風の湿った空気と上昇気流がなければ雲は発生しない。しかし山では風が吹くだけで雲が発生し、天気が崩れる。山の風上側に海があれば、湿った空気が風で山に運ばれる。風が山にぶつかれば上昇気流となり、雲が発生し天気が悪化する。

風が山を越えた風下側では下降気流となるので温度が上がり雲は消え、天気が良い。日本海側から風が吹いていると日本海側の山で天気が崩れ、太平洋側から風が吹いていると太平洋側の山で天気が崩れる。このように平地と山では天気が違うので、登山を計画する際、登る山を決めるのに注意が必要だ。

▼天気予報

普段、登山を計画するときにいちいちラジオ天気図を書いてはいられないので、天気予報を利用する。

ここでは天気予報を登山に活用するためのポイントを解説する。

・気象庁の天気予報

今日、明日、明後日の天気が出ている天気予報（正式には府県天気予報）と１週間の天気が出ている週間天気予報がある。毎日５時、11時、17時の三回発表される。従って朝４時にテレビ等で天気予報を見ても、それは前日の17時発表の天気である。発表直後の天気予報を確認するのが望ましい（週間天気予報は11時と17時の２回発表）。

天気予報に出てくる言葉も覚えておくと良い。「未明」は０時から３時、「夜遅く」は21時から24時のこと。

※予報期間に、現象が発生した時間がその２分の１未満であるときを「時々」、４分の１未満であるときを「一時」という。詳しくは気象庁のホームページに載っているので一度見ておこう。

天気は西から変わるので、登山を計画するとき、登る山の西側の地方の週間天気予報を参考にする。計画してから週間天気予報を時々見ることで、天気の傾向を把握する。登る日の数日前からは山の風上の府県天気予報を把握する。天気の悪化が予測される場合は、天気が良い地域の山に登る山を変更しよう。

※予報期間　「今日」の予報は発表から24時まで。「明日」の場合は24時間。

・天気予報サービス

テレビやラジオで放送されている天気予報は平地のものだ。平地と山では天気が違うので、できれば登る山の天気予報を見るのが望ましい。現在はこのような要望に応え、山岳に特化した天気予報を提供しているサービスがある。インターネットやスマートフォンのアプリで参照できる。有償のサービスになるが頼りになる。

「ヤマテン」（山の天気予報）はインターネットで山の天気の情報を提供している。

山岳専門の気象予報士が全国18山域、59山の山頂の天気予報を提供している。プロの山岳気象予報士が気象の情報を提供しているので、とても信頼できる。

日本気象協会が提供する「tenki.Jp」（登山天気）は、山頂や登山口の天気予報が提供され、インターネットやスマートフォンのアプリで見ることができる。山頂の天気がピンポイントで分かるのはかなり便利である。アプリも使いやすい。

「ヤマケインオンライン」（山と渓谷社）のサイトなら、限られた山域だが山頂と山麓の天気予報が無料で見られる。天気予報以外にも役立つ情報がたくさんあるので参考にしたい。

また天気予報サービスではないが、山行記録を共有できる「ヤマレコ」のサイトでは、過去の山行記録を見ることができる。該当の山の山行記録を検索すれば、前年の同時期の情報が得られる。天候や残雪状況、ウェアやアイゼン（凍った山道を歩くときに登山靴に装着する、滑り止めのためのアイテム）をはじめとした装備の記録はとても参考になる。

※ヤマテン　https://i.yamatenki.co.jp/
tenki.Jp　https://tenki.jp/
ヤマケイオンライン　https://www.yamakei-online.com/
ヤマレコ　https://www.yamareco.com/

▼観天望気

雲や自然現象を見て天気を予想することを「観天望気」という。登山をしているときに天気が予想できれば便利である。観天望気の観察対象として雲がある。雲の種類を把握して登山中の天気の変化を予想しよう。

・雲の種類

雲はその高さやタイプによって「上層雲」「中層雲」「下層雲」「対流雲」の四つに分類できる。

上層雲には「巻雲《けんうん》」「巻積雲《けんせきうん》」「巻層雲《けんそううん》」、中層雲には「高積雲《こうせきうん》」「高層雲《こうそううん》」「乱層雲《らんそううん》」、下層雲には「層積雲《そうせきうん》」「層雲《そううん》」、対流雲には「積乱雲《せきらんうん》」「積雲《せきうん》」がある。

雲の名前は形状を表す。「巻」はカール状の雲で上層雲の名前についている。「層」は横に薄い層状のもの、「積」は塊状の雲を表す。注意が必要な雲だ。「乱」は縦に発達する塊状の雲で雨を降らせる。最も注意が必要な雲だ。

ちなみに温暖前線が近づくと次の順番で雲の種類があらわれる。巻雲、巻層雲、巻積雲、高積雲、高層雲、乱層雲。高層雲まで雨は降らない。温暖前線が到達して乱層雲になると長時間にわたり雨が降る。

・雨を降らせる雲

最も危険な雲が積乱雲だ。積雲が上空にどんどん成長したもので、別名「入道雲」ともいう。落雷や大雨、突風などをもたらす。

積乱雲の中には「かなとこ雲」と呼ばれる雲もある。金属加工などに使われる作業台の「かなとこ（金床）」に似た雲。こちらも落雷や大雨、突風などをもたらす。

乱層雲は典型的な雨雲だ。空全体を覆い、雨や雪をもたらす。

積の字がつく、巻積雲（うろこ雲、いわし雲）や高積雲（ひつじ雲）は高度が低くなったり、空全体に広がるようになると天気が悪化する。

巻雲は晴れ巻雲と雨巻雲がある。竜が登るようなかぎ状に曲がった雨巻雲は天気が悪化する。

また山が笠をかぶったようになる「レンズ雲（笠雲）」というものもある。この雲は風が強いときに現れるので、強風や天気の悪化が予想される。

▼気象遭難対策

山の標高が100メートル上がると気温は0・6度低くなる。標高が高い山は防寒着が必要だ。そして風の影響を受ける。風速が一メートル増えると体感温度は1度下がるといわれている。カッパなどの風を防ぐウェアを携帯しよう。テルモス（持ち運べる魔法瓶）などで温かい飲み物を携帯するのも良い。

また北半球では緯度が高いほど気温が下がる。北海道の2000メートル級の山は、北アルプスの3000メートル級の山の気温と同等になる。気温が低いところで雨に濡れ、更に強い風を受けると低体温症になる。計画段階で天気の悪化が見込まれるなら、低山などのリスクの低い山へ目的地を変更するか、登山を中止しよう。

登るコースによっても気象遭難のリスクは異なる。標高が高い山で稜線を歩くコースなら落雷によるリスクが高くなる。風上から湿った空気が強く吹いてきたら落雷が発生しやすくなる。更に稜線では落雷から隠れるものもない。

また登るコースに、常に強い風が吹いている地点がある場合、天気が悪化すれば突風のリスクが発生する。

そのほか、登るコースに沢などを渡渉《としょう》する地点があれば大雨による増水のリスクがある。増水した沢を無理に渡ろうとして何人も亡くなった事例もある。

これらの気象リスクは計画段階で把握し、コース変更や登山の中止を検討し、リスクを回避するようにしたい。

第5章　装備とウェアリング

▼装備（基本）

ここでは装備についての詳細は説明しない。

ソロトレッキングならではの装備のポイントを解説する。

まず、登山靴は登る山に適した靴を選ぶ。低山の日帰り登山と、岩稜を含む縦走登山では、適した靴のタイプが違う。登る山に応じた靴を用意しよう。

重要なのは経年劣化した靴の対策である。

登山靴は年数が経過すると、ソール（靴底）が劣化してはがれやすくなる。たとえ履いていなくても劣化は免れない。

ソロトレッキングでは登山靴が破損しても自分で対処しなければならない。いつでも応急処置ができる材料を携帯するのが良い。細引き（細目のロープ）、少量のガムテープやテーピングテープで応急処置が可能だ。常に携帯しよう。

なお応急処置をした登山靴は滑りやすいので、下山するまで慎重に歩こう。

次に、ザックは防水対策が重要なポイントだ。ザックに入れたウェアを濡らしてしまうと、最悪、低体温症の危険につながる。

まず、ザックより一回り大きい防水のスタッフバックを用意する。最初にスタッフバックをザックに入れ、次に濡らしたくないウェアなどの荷物をスタッフバックの中へ入れ、密閉する。すぐ取り出したいものを最後にザックに入れて、パッキングは完了だ。

雨が降ってきたらザックカバーをザックに装着する。スタッフバックとザックカバーの二重防水で雨でも安心である。

雨具（レインウェア）は常に携帯する。レインウェアはウィンドブレーカーの代わりになるので風対策になる。晴れていても携帯しよう。

ソロトレッキングで一番重要な装備はツェルト（簡易テント）だ。ビバーク〔緊急野営（野宿）〕に備えてツェルトを常に携帯する必要がある。

しかしツェルトを携帯していても、設営できなくては意味がない。ツェルトの設営を練習しておこう。ザックにはツェルトと非常食を常に入れておくこと。

ストック（トレッキングポール）も常に携帯しよう。足場の悪い登山道などで使えば転倒防止の役に立つ。ただしストックが原因のケガや死亡事故も多いので、決してストックに頼りすぎてはいけない。

ストックの活用法としては、万が一、捻挫したときなどに添え木代わりとして使用できる。更にツェルトのテントポール代用にもなるので、ツェルトと一緒に細引きとストック（2本）を携帯しよう。

なお交通機関での移動時は、ストックの先端をカバーで覆い、ほかの乗客の迷惑にならないようにする。

ソロトレッキングではヘッドランプも重要だ。日帰り登山でも、道迷いなど何らかの理由で日が暮れてしまうことがある。もし夜になってしまったとき、ヘッドランプがなければ暗くて歩けず、行動不能になる。ビバークして夜が明けるのを待つしかない。ヘッドランプがあればこのような事態を避けられるのである。使用する予定のない登山でも常にヘッドランプを携帯してほしい。

ヘッドランプと予備電池を常に携帯するのはもちろん、もうひとつ予備のヘッドランプを携帯してほしい。日が暮れてしまったときに、ヘッドランプが故障してしまった場合、やはりビバークしなければならなくなる。予備のヘッドランプがあればこのような事態を避けられるのだ。ヘッドランプを2個（メインとサブ）、常に携帯してほしい。

なおメインのヘッドランプは光量の明るいものを選ぼう。光量の暗いものでは道迷いを誘発する。光量は200ルーメン（光の明るさの単位）以上あれば十分だ。ちなみに筆者のメインのヘッドランプは300ルーメンで、夜間の歩行に適したもの。サブのヘッドランプは60ルーメンで、電池1本で使用できる軽量のものを使用している。

寒さ対策として有効なのが温かい飲み物だ。

温かい飲み物をテルモスに入れて携帯する。荷物が増えるがコンロと燃料を携帯して、いつでもお湯を作れるようにしておくのも良い。

最後に、ソロトレッキングでは通信手段の確保が重要である。現在、万が一の遭難のときに使う通信手段はスマートフォンや携帯電話だろう。スマートフォンか携帯電話は必須装備だ。必ず携帯しよう。

スマートフォンや携帯電話は防水のものを選択する。防水機能がないときはジッパー付きの保存袋に入れて携帯する。保存袋に入れたまま操作できるかどうかはスマートフォンの機種によって違う。充電用の携帯バッテリーも必須装備だ。

ソロトレッキングは自己責任を原則とするので、道迷いは自分で防止、解決しなければならない。紙の地図とコンパスの携帯は必須だ。紙の地図はビニールの保存袋などを利用して防水をする。またコンパスは予備を含めて2個、携帯してほしい。コンパスがひとつしかない場合、故障すると方角を知ることができなくなる。コンパスの予備があれば安心だ。

道迷い対策で力強いのは、何と言ってもGPS専用機だ。万が一道に迷ったとき、GPS専用機があれば現在地を特定できる。

ぜひGPS専用機と、予備にスマートフォンの地図アプリを携帯してほしい。

▼装備（宿泊）

山小屋に宿泊し、そこで食事（小屋食）をするのなら、必要な装備は日帰り登山の装備とあまり変わらない。しかし自炊やテント泊ではそれなりの装備が必要だ。ここでは小屋泊や自炊、テント泊を快適にする装備のポイントを解説する。

山小屋で個室に泊まれることはまれで、たいていはほかの登山者と一緒に大部屋に泊まる。このときに便利なのが耳栓だ。耳栓があればほかの登山者の物音やいびきなどが気にならなくなる。耳栓の代わりにラジオでも代用になる。ラジオは必ずイヤホンで聴こう。

山小屋で自炊するなら、コンロが必要だ。燃料と鍋などのクッカー、箸などのカトラリーが必要になる。ナイフや食材も必要だ。

ここで便利なのがレンゲだ。レンゲはスプーンとして使えるし、お玉としても利用できる。百円均一の店で手に入るし軽いので、カップと一緒にザックに入れておこう。

食事をした後のクッカーやカトラリーの汚れはロールペーパーで拭き取る。山では水が貴重なので、汚れを水で洗うことはしない。ロールペーパーの汚れ拭きは、慣れれば慣れるほど、少量で拭き取ることができるようになる。

コンロの燃料はガスカートリッジが多いだろう。しかしガスカートリッジはガスの残量が分かりにくい。ある程度ガスカートリッジの重さで残量が判断できるが、途中で燃料切れになるリスクがある。こんなときは予備のガスカートリッジがあれば安心だ。主に使うガスカートリッジと予備のガスカートリッジを携帯しよう。筆者は主に使うガスカートリッジは通常の容量のもの、予備のガスカートリッジは少し容量が小さくて軽いものを常に携帯している。

テント泊になると自炊装備のほかにテント、シュラフ（寝袋）、シュラフの下に敷くスリーピングマットなどの装備が必要になる。テント泊で自炊すると装備が増え、ザックの重量が重くなる。ここでのポイントは装備の軽量化だ。担ぐザックが重くなれば歩行速度が遅くなり、コースタイムの維持が難しくなる。

テントやシュラフは同じ性能なら、価格が高いほど重さが軽くなる。従って投資が必要になるので、経験を積んでから装備をランクアップしていこう。

エアーマット（エアータイプのスリーピングマット）ならザックと併用すれば重さを抑えることができる。たとえば１７０センチメートルの身長をカバーするには、１８０センチメートル規格のエアーマットを選択すれば快適だ。しかし短めのエアーマットと中身を出したザックを組み合わせれば代用できる。

90センチメートル規格のエアーマットと、足元に中身を出したザックを寝袋の下に敷けば普通に寝ることができる。モンベル社のエアーマットを例にすると、１８０センチメートルのエアーマット（５００グラム）より、90センチメートルのエアーマット（３００グラム）は約四割重量が軽くなる。

テントの破損対策も重要だ。修理用の部材として、細引きやガムテープを携帯しておきたい。更に登山用品店に行けばテントの穴開き修理用のリペアキット（シール状）なども販売されているので利用しよう。

テント泊登山ではランタンが欲しい時もある。でも装備にランタンを加えると重量が増える。そんなときはヘッドランプにコンビニの買い物などでもらうレジ袋を利用する。レジ袋の中にヘッドランプを入れる。するとヘッドランプの光が拡散するのでランタンのように使うことができる。

基本的にテント内で調理をしてはならない。しかし天気が悪いときは、どうしてもテント内で調理をしなければならないことがある。テント内で調理するとテントの内側に大量の結露が発生する。そんなときは台所で使う四角いスポンジが便利だ。結露を拭き取ったら外で絞れば良い。もちろん十分、換気に気を付けて調理する。

ソロトレッキングのテント泊でもラジオはお奨めの装備だ。ラジオは気分転換になり、天気などの情報を得ることもできる。奥多摩など放送局が近い山では、多くの番組が受信できる。

放送局から遠い山域でも、夜間は受信できることが多い。ＡＭ放送なら電離層の働きで夜間は電波が遠くまで届く。なおＦＭ放送はこのような電離層の影響はない。

▼ウェアリング

行動着の基本は、ベースレイヤー（下着）、ミドルレイヤー（中間着）、アウターレイヤー（外着）を重ねて着るレイヤーリングだ。体温が上がれば脱ぎ、体温が下がれば着る。こうして体温を適切に保つ。

ベースレイヤーは肌に直接触れ、汗を吸収し、蒸発させる速乾素材のウェア。ミドルレイヤーは速乾素材を基本に厚さや動きやすさなどの違いで様々なウェアがある。ベースレイヤーとアウターレイヤーの間に着て、体温を快適に保つ。アウターレイヤーは一番外側に着る、防水・防風・透湿素材のウェア。外からの雨や風を防ぎ、中の水分は外へ逃がす。

無積雪期の暑い時期はベースレイヤーだけを着ることになる。風が強いところではレインウェアをアウターとして着る。春や秋、標高の高い山ではベースレイヤーとミドルレイヤーを着ることが多いだろう。寒いときはベースレイヤーの上にミドルレイヤーとアウターレイヤーを着る。ベースレイヤーの上にミドルレイヤーを二枚重ねて着ても構わない。

積雪期の山では、ベースレイヤー、ミドルレイヤー、アウターレイヤーともに保温性能の高い素材のウェアを着る。ベースレイヤーとアウターレイヤーの間に暖かい空気の層を維持する。

アウターレイヤーはフード付きのウェアを選ぶ。また必要に応じてベースレイヤーを二枚重ねて着ても良いし、ミドルレイヤーを二枚重ねて着ても構わない。

整備やウェアを買い足していくのは楽しい。装備やウェアは足りないものがあれば新たに購入し、古くなったら買い替える。事前にいろいろ調べてから登山用品店に買いに行く。買ったものは早く実際の山で使ってみたくなるが、登山当日までは我慢である。

実際に山で使用し、使い心地が良ければまたうれしくなる。

第6章　歩き方とトレーニング

▼ペース配分と歩き方

登山ではゆっくり歩くことが良い。ペースが速すぎると疲労が蓄積しすぎるのでバテて歩けなくなる。

極端な疲労の蓄積を防ぐため心拍数を目安とする。最大心拍数（１分間）は２２０から年齢を引くことで求めることができる。30歳なら１９０だが、登山中の心拍数は最大心拍数の70パーセント以下に抑えることが良いといわれている。30歳なら１３３だ。

心拍数の計り方は手首や頸動脈に手を当て十秒間、脈拍数を計る。それを六倍にする。最大心拍数の70パーセント以下を保ち、ゆっくり歩こう。

筋肉の柔軟性を高めるため、登山前にストレッチを行う。また下山時にもストレッチを行う。筋肉の痛みを和らげ、疲労回復の効果がある。下山時にできなくても帰宅後にスト

足の置き方

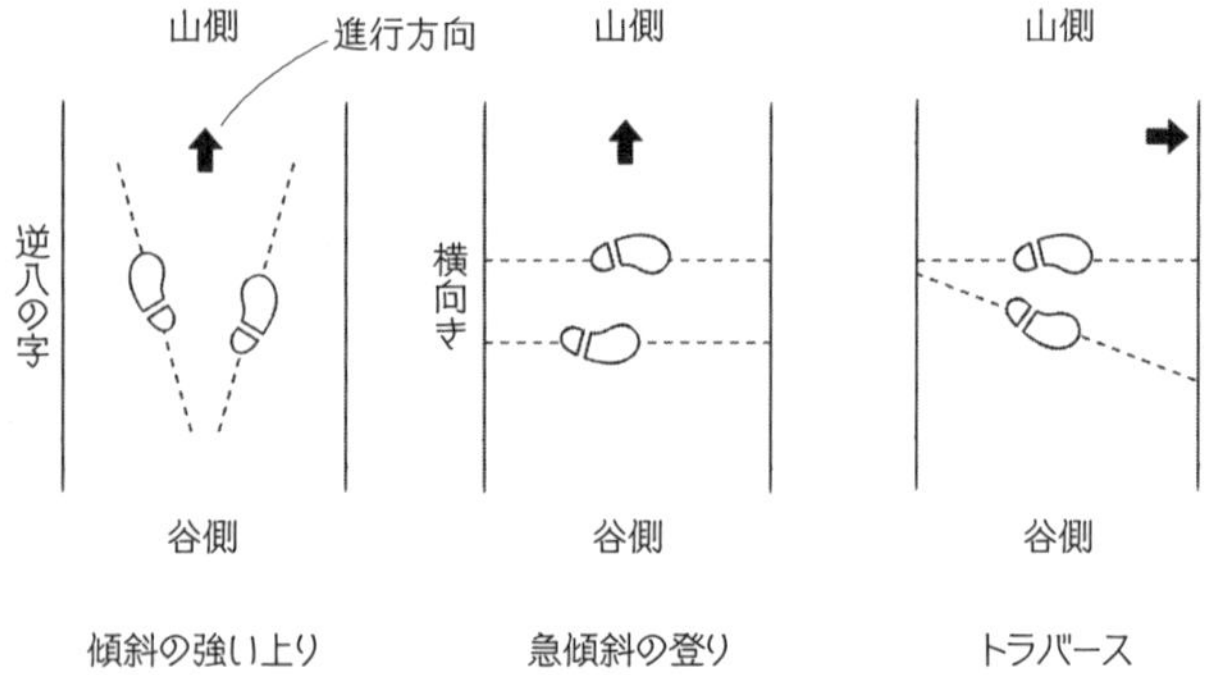

レッチを行えば良い。

歩き方の基本は「フラットフッティング」だ。フラットフッティングとは足の裏全体をフラットに地面につけて歩く方法。重心は体の真下に置き、歩幅は狭く、足の裏全体で地面を捉えて歩くことで安全に歩くことができる。

重心の移動も重要だ。まず足を前に踏み出し、次に後ろの足に残った重心をゆっくり前に移動する。前の足に重心をかけるときも、足場の安定具合を探りながらゆっくり静かに重心をかける。もちろん重心は足の中心にかける。これを繰り返して歩行する。街中を歩くような重心移動では転びやすい。

登りは更に歩幅を狭くする。そうすることで心拍数の増加を抑え、楽に登ることができる。

　傾斜の強い上りではつま先を少し広げ、「逆ハの字」にすると歩きやすい。更にきつい傾斜では横向きになって登る。登山道が広ければジグザクに歩くと傾斜が緩み歩きやすい。

　下りは重心が後ろにならないようにする。怖さから腰が引けると重心が後ろになる。しかし重心が後ろになると滑りやすく、転倒しやすい。下りでも重心は体の真下にして、フラットフッティングで下る。きつい傾斜の下りも横向きで下る。

　トラバース（山の斜面の横断）するときの歩き方は次のようにしてみよう。山側の足は進行方向に沿ってまっすぐにする。谷側の足はつま先を少し谷側に向け「逆ハの字」にする。こうすることでグリップが保たれる。

　ストックは正しい歩き方ができるようになってから使用するのが望ましい。長さはストックを地面に突いたとき、肘が90度になるように長さを調整する。ストックは常に2本携帯することを奨めているが、登山で使うときはシングルでもダブルでも構わない。

　歩いているときは登山道の感触を確認するぐらいの突き方をし、いざバランスを崩したときにそれをカバーするように突く。ストックを突くたびに体重をかけるようなことはしない。またクサリ場やハシゴではストックを使ってはならない。ストックはクサリ場やハシゴを登り下りする前にザックへ収納しよう。

装備の章でも書いたが、ストックが原因のケガや死亡事故が多いので、決してストックに頼りすぎてはいけない。

▼岩場の歩き方

岩場の歩き方の基本は「3点確保」だ。

両手両足の「4点」のうち3点は岩をホールドし、残りの1点を次のホールドに移動する。落石に注意しながら3点確保で慎重に登る。登りでは上半身を岩から離して登る。恐怖から岩に張り付いてしまうと足場が見えず、登ることも下ることもできなくなる。先行の登山者が登っている場合はその登山者の下に入らない。岩や登山者が落ちてきたら巻き添えを食う。

緩い傾斜の下りは腰を落とし、そのまま前向きで下りる。なお、腰を落としたときにザックの底が岩に当たり、バランスを崩して転ぶことが多い。転倒や滑落が多く発生しているので注意する。危険個所で転べば一大事となる。

急な傾斜の下りでは後ろ向きになって下る。やはり岩から上半身を離して下る。先行の登山者がいたらその登山者が下りきるまで待つ。真下にその登山者がいるのに下りはじめてしまうと、岩や自分が落ちてしまったら先行登山者を巻き添えにしてしまう。

▼クサリ場・ハシゴ

クサリ場ではクサリやロープに全体重を預けてはならない。岩や太い木などをホールド（手がかり）にして、クサリ場を通過する。あくまでもクサリやロープは補助として活用する。クサリやロープはそれ自身の劣化で切れたり、固定用の部品の劣化などで外れたりするので、信頼しきって全体重をかけてはいけない。

岩や太い木のホールドも強度を確認しながら選択する。ハシゴは足を載せるステップの部分を持つ。縦の支柱を持ってしまうと、足を踏み外したときに体重を止められず、下まで落ちてしまう。

そしてハシゴからなるべく体を離し、足場を見やすくして登り下りする。もちろん先行する登山者がいたら、その登山者の真下を避け、その人が通過するまで待つ。クサリ場やハシゴで先行登山者に続いていくと、その登山者がバランスを崩したときに巻き添えを食う。危険な岩場やクサリ場がある場合はヘルメットを携帯しよう。

▼トレーニング

筋肉に高い負荷をかけると筋線維が切れ、筋肉痛になる。しかし休息と栄養補給により筋線維は修復される。このとき修復される筋線維は以前より太くて強いものになる。簡単に言うと筋肉痛が治れば筋肉が増強されるということだ。

増強された筋肉は2週間持続するが、その後、筋肉は減っていく。従って2週間に1回は筋肉に負荷をかけるのが良いということになる。

山登りのための最もシンプルなトレーニングは、登山をすることだ。毎週、週末に低山に登るのが理想的なトレーニングだ。筋肉の減少を防ぐには、最低月に2回は登山に行こう。登山に行けないときはランニングやスクワットがお奨めだ。ランニングは心肺機能の向上に有効。スクワットなら家などでいつでも実行できる。

岩場のためのトレーニングのお奨めはボルダリングだ。ボルダリングはロープを使ったフリークライミングの練習として始まったもので、クライミングジムでいつでも練習ができる。徐々に、より難しい課題をこなしていこう。

ボルダリングのホールドの持ち方や足の置き方は、実際の岩場の通過の役に立つ。ボルダリングの課題をステップアップしていけば、実際の岩場の通過も上手になる。

体力を向上させるトレーニング以外にもいくつかトレーニングがある。普段行わないスタイルで山行をするトレーニング（訓練）だ。ここでいくつかご紹介する。

「カモシカ訓練」とは夜を徹して歩く訓練だ。

通常は夜間に行動してはいけない。しかしどうしても夜間に行動せざるを得ないことも考えられる。一度も夜間に歩いたことがなければ、ひとりで歩く暗い登山道は怖いものだ。しかし一度経験しておけば暗い登山道への恐怖は解消する。

カモシカ訓練を実行するには安全な山を選んで実行する。コースが明確で、すぐに下山できるような低山を選んで実行する。一度登ったことがある山が望ましい。もちろん自己責任で慎重に訓練を実行し、ケガなどしないよう行動してほしい。ひとりで夜間に山行した経験は貴重な体験となる。

「ボッカ（歩荷）訓練」とは重い荷物を担いで歩く訓練だ。

今まで担いだことがないような重量のザックを担いで山を歩く。重い荷物を担いだときにどのようにして歩くと安定し、疲れにくいかを体得する。

このボッカ訓練も安全な山を選んで実行するのが望ましい。担ぐものは装備に加え、水を入れたペットボトルをザックに入れ、重量を調整し重くする。重いザックを担いだときの歩き方は、歩幅を狭くし、登山道の段差が小さい場所を探しながら歩行してみよう。

「ビバーク訓練」とは計画的にひとりでビバークをする訓練だ。

「ビバーク」とは緊急時にツェルトで野営（野宿）することだ。しかし一度もビバークを経験していないと不安である。ツェルトの設営方法も分からないだろう。だから計画してツェルトでのビバークを体験しておくのだ。気候の良い季節にひとりでツェルトの宿泊山行をしてみよう。

一度体験しておけばビバークに対する不安は解消する。カモシカ山行と組み合わせて実行するのもお奨めだ。なおツェルトの設営方法は、あらかじめよく勉強しておくこと。

トレーニングをすると結果が出るのが楽しい。3点確保に慣れ、ボルダリングジムに何度か通うと、山で実際の岩場を通過するのが楽になる。岩場に対する不安も減る。

またビバークで使うツェルトは、テントの代わりに普段使いをすることも可能だ。雨に弱いので筆者は防水性のシュラフカバーに直接寝ている。他にも工夫が必要だが、ツェルトはテントより軽いのがうれしい。

第7章　実践

▼日帰り登山

ソロトレッキングの力量を上げていくには、ステップを踏んで経験を積んでいくのが良い。

第1ステップは初級者向けの山の日帰り登山だ。よく知られた低めの山を選ぼう。人気がある山はコースが整備されており、道標などもメンテナンスされている。初めてひとりで登る山として相応《ふさわ》しい。

地図とコンパスの使い方に慣れ、計画したペース配分で歩行することを経験する。関東を例にすると神奈川県の金時山、東京西部の御岳山、茨城県の筑波山などが良いだろう。

計画のポイントとしては、コースとエスケープルートの設定だ。

1日の行程は登山地図のコースタイムを参照して計画する。「山と高原地図」では、次の3つの基準を元にコースタイムを設定している。①40歳から60歳の登山経験者、②2名から5名のパーティー、③夏山の晴天時。

　コースタイムは登山地図によって時間が変わってくる。出版社が違えばコースタイムも少し違う。同じ出版社でも出版年月が違えばコースタイムが変わることもある。登山地図ごとに、計画時の時間と実際の歩行時間の差を把握していく。いずれにしてもコースタイムは目安であるので、余裕を持った計画が一番重要である。

　エスケープルートは緊急事態が発生したときの逃げ道のこと。緊急時など、計画したコースを行くことができないときに使用する予備のルートだ。別の登山口へ下山するルートや山小屋へ避難するルートなどが良い。岩場を迂回するルート、山頂を通らないで山腹を通る「巻き道」などもエスケープルートである。計画時に選定し、登山計画書に記載する。

　また登山の基本は「早立ち早着き」だ。早朝に出発し、午後の早い時間に下山を完了する。理由としてはまず、山は午後になると天気が悪くなることが多いため。そのほかに余裕時間を確保するためでもある。遅い出発では道迷いなどで時間がかかったときに余裕の時間がない。秋なら日が暮れてしまいビバークするはめになる。

登山中は休憩の取り方も身に付けていく。山での歩行は50分歩いたら10分間休憩を取るというのが基本である。

ソロトレッキングなので休憩する時間は自由だ。しかし実践中は計画的に休憩を取る。休憩の取り方の基本を押さえながら、全体のコースタイムを判断して休憩時間を計算する。きちんと休憩を取ってから前進するようにしよう。

第2ステップは標高2000メートル程度の山の日帰り登山だ。季節は夏。上信越の巻《まき》機山《はたやま》、奥秩父の瑞牆山《みずがきやま》などが良いだろう。森林限界を超えた稜線歩きや岩場の通過を経験し、歩行時間も長くなる。ソロトレッキングの経験を更に積んで、判断力を磨いていこう。

▼宿泊登山

第3ステップは標高2500メートル程度の山の山小屋泊登山だ。季節は夏。奥秩父の甲武信ヶ岳や北八ヶ岳の天狗岳などが良いだろう。標高は高くなり、更に歩行時間も長くなる。天気の判断を練習し、山小屋のひとり宿泊を経験する。慣れてきたら自炊するのも良いだろう。

山小屋泊のポイントをいくつか解説していこう。

登る山の最新情報は山小屋のスタッフに聞くのが良い。電話で予約をするときに、天気の傾向や登山道の状況などを聞けば教えてくれるだろう。

登山の基本は「早立ち早着き」だ。

山小屋へは遅くても午後3時までには到着すること。計画時に、遅くても午後3時には山小屋に到着するようにコースタイムを逆算して出発時間を決定しよう。

また、可能であれば余裕のある日程を設定する。予定通りに進めないこともある。そのときに予備の日程が確保されていれば安心だ。

早い時間に山小屋に到着すると、寝場所を選ばせてくれることもある。早着きのメリットだ。午後3時までに山小屋に着けばゆったりと過ごすことができる。会話好きならソロトレッキングの人同士で会話を弾ませるのも良い。

長期の登山の注意点としては、通信手段を確保しておくことだ。いざというときにスマートフォンが電池切れでは窮地に陥る。それを防ぐためには携帯するスマートフォンを機内モードにしておくこと。機内モードにすれば電池の消費を防げる。機内モードでも地図アプリは使用できるので問題ない。もちろん充電用のバッテリーも忘れないよう持っていくこと。

第4ステップは標高3000メートル程度の山に登る。季節は夏。南アルプスの甲斐駒ヶ岳や仙丈ケ岳が良いだろう。連続した岩場を安定して通過できるように経験を積んでいく。

自信がついてきたら複数の山を縦走してみよう。山小屋に連泊し、歩行時間も長時間の歩行となる。

またテント泊登山に挑戦するのも良いだろう。標高は2000メートル程度の山を選び、テント泊や自炊の経験を積んでいく。テント泊登山では重い荷物を担いでの歩行となる。自分の体力を実感するときだ。スクワットやボッカ訓練で体力を養っておこう。

テント泊登山では、荷物の軽量化やパッキングの技術が必要になる。パッキングの上手なベテランのザックは、地面に置いても倒れないと言われている。パッキングの基礎

（ウェアなどの軽い装備は下部、水筒などの重い装備は上部に入れるなど）を確認し、装備を整然とザックに詰められるよう練習しよう。

実践を続けていると登頂した山、利用した山小屋などが増えていくのがうれしい。下山後に立ち寄った場所も増えていく。帰宅したら登った行程や経験を記録する。後で記録や写真を見るのが楽しい。登る山の目標を立てるとすぐ計画して行きたくなってしまうが、一定のペースで実践していくのが良いだろう。

第8章　リスク回避と緊急時の対策

▼道迷い

平成30年の警察庁発表「山岳遭難」の統計によると、遭難者は３１２９人。分類別に見ると、１位が道迷いで全体の約４割（38パーセント）を占めている。２位が滑落で17・４パーセント、３位が転倒で15パーセント。道迷いが圧倒的に多く発生している。

毎年、分類別の順位の傾向は変わらないが、遭難者数は年々増加を続けている。

また年齢層別の遭難者数は、60歳以上が１５８１人で50・５パーセントと全体の半数を占めている。死者・行方不明者は60歳以上が２４６人で全体の71・９パーセント。全体の7割以上を占めている。

単独登山者の傾向を見てみると、死者・行方不明者のうち、単独登山の遭難者の割合は17・６パーセント。グループ登山の遭難者の死者・行方不明者の割合は7パーセント。

単独登山とグループ登山を比較すると、単独登山の死者・行方不明者の割合が非常に高いことが確認された。

ちなみに行方不明になると、7年間は死亡と認められない。死亡が認定されるまで銀行口座は凍結され、生命保険も受け取れない。しかもローンや税金の支払いは継続する。残された人はとても厳しい状況となる。

ソロトレッキングの登山者は、遭難しないための知識取得や訓練、装備の準備が非常に重要だ。


道迷いを回避するには、コンパスを使いこなし、読図に熟練していることが必要だ。そして、もし道が分からなくなったら、現在位置が特定できていた地点へ引き返すこと。決して先へ進んではならない。道に迷い、沢に沿って下って行き、崖から落ちて死亡する例などがとても多い。道に迷ったら先に進んではならない。元の道へ戻ること。

意外にリスクが高いのが、マイナーな低山だ。登山道が不整備で荒れていたり、道標が朽ち果てていたりする。通行者が少ないため草木が茂り、登山道のトレースは分からなくなる。更に地図にない作業道などもあり、道迷いの要素が盛りだくさんだ。

道迷いの観点だけで言えば、マイナーな低山より、登山者が多い、日本百名山の方がよほど安全だ。

道迷いにとても有効なのが、GPS専用機やスマートフォンの地図アプリだ。装備の章でも触れたが、これらの機器は即座に現在位置を特定できる。現在位置が特定できれば道迷い解決の糸口となる。またトレースログを記録していれば、通った道が記録されているので補足情報となる。

もし道に迷ってしまい、日が暮れてしまったらビバークをすることになる。決して夜間に行動してはならない。夜間に行動しても視界が限られているので正しい道を探すことは困難だ。夜間に行動して疲労の末、転倒・滑落して死亡する事例も多く発生している。

ビバークのためのツェルトとヘッドランプは常に携帯する。もちろんビバーク訓練を済ませておく。非常食も常に携帯する。更にコンロやラジオがあると安心だ。

ツェルトの設営は明るいうちに終わらせる。ビバークする場所を探せるし、明るいうちに設営が終われば心の余裕を持つことができる。ビバークのとき、ツェルトの設営は早めに行うこと。

▼ケガ

山岳遭難の第3位は転倒だ。転倒を防ぐには手入れした登山靴を履き、ストックを状況に応じて的確に使用すること。登山道の状況をすばやく判断し、不安定な足場を避ける。状況に応じてキックステップで歩行するなどがある。

キックステップは、歩行する際に地面を蹴り込みながら歩くことをいう。雪山で多用する技術だが、グリップが確保できるのでザレ場（岩壁や沢が崩壊し、様々な岩や石がゴロゴロと散乱している斜面）などでも有効だ。

キックステップのコツは、膝から下を後ろに上げ、その反動で前につま先で蹴り込むと脚力を無駄に使わずに歩ける。転倒や落石の対策にはヘルメットを着用する。

十分な体力を付けておき、登山中は慎重に行動することが基本である。

▼ファーストエイドキット

ケガをしたときは応急処置が必要になる。応急処置で使う救急用品をひとまとめにしたものを「ファーストエイドキット」という。

救急用品をすべて山に持っていけば安心だが、重量がかさんでしまう。携帯したい救急用品を厳選して、自分なりのファーストエイドキットを用意しよう。

まず基本となるのは軽くて、よく使用するもの。救急ばんそう膏、靴擦れ用パッド、テーピングテープなど。テーピングテープは足が痛くなったときに関節や筋肉に貼り、痛みを軽くするもの。

テーピングテープはストックと併用すれば、捻挫のときの添え木代わりになる。また登山靴が破損したときの応急処置にも使える。便利な装備なので常に携帯しよう。テーピングテープを切るためにはハサミが必要だ。ハサミは小さくて軽量のものを選ぼう。

包帯やテープ、トゲ抜きもあった方が良い。

虫の多い山ではハッカ油やかゆみ止めがあると便利だろう。これらをひとまとめに入れるコンテナ（小さなバッグやポリケースなど）を用意すれば、エマージェンシーキットは完成だ。

▼そのほかのリスク

・雷

落雷に遭遇しないよう計画段階から留意しよう。

数日前から天気予報を確認する。雷が予想される場合は、天気が良い山に目的地を変更する。もし登山中に雷が発生したら早々に下山する。

雷との距離は、稲妻が光った後雷鳴が聞こえるまでの秒数で、計算できる。音は秒速３４０メートルなので、雷の距離（メートル）＝稲妻が光った後雷鳴が聞こえるまでの秒数×３４０（メートル／秒）という計算式になる。

ピカッと光った後、10秒後にゴロゴロと聞こえた場合は３・４キロメートル先で雷が落ちたことになる。３秒後なら約１キロメートルだ。20キロメートル以上離れた雷は光っても雷鳴が聞こえない。

万が一、雷の直下となった場合はすぐさま退避をする。山小屋があれば山小屋へ退避する。山小屋などがない場合は稜線を避け、退避姿勢（膝を抱えて小さくなる）を取る。

なお雷は大きな木に落ちやすいので、大きな木の下にいてはならない。最低でもその木の高さの半分以上の距離は離れて退避姿勢を取る。

・落石

落石が起こりやすい場所では、頻繁に落石が発生する。地形や石の状態を観察し、落石の可能性があると判断した場合は、周りを見ながら慎重に歩行する。

自然に起こる落石もあるが、先行の登山者が落とす落石も多い。先行の登山者が上にいる場合、その下に入ってはならない。落石をダイレクトに受けてしまう。

先行の登山者が下にいる場合は、その人が通過するまで待ってから進む。もし自分が落石を起こしてしまった場合は、「らくっ！」と大声で叫び、下の登山者に落石を伝え、避けてもらう。落石の多い地帯ではもちろんヘルメットの着用が望ましい。

・増水

雨がたくさん降ると沢は増水する。天気予報により沢の増水が予想される場合は、沢の渡渉がある山に登ってはならない。渡渉のない山域に目的地を変更する。

万が一、増水した沢を徒渉《としょう》する状況に陥ってしまった場合、踝《くるぶし》を超える水位になってしまったら徒渉は諦める。徒渉しないで済むルートがあればルートを変更する。徒渉しないで済むルートがない場合はビバークをして、増水が収まってから下山する。

グループ登山者が増水した沢を無理に渡ろうとして何人も亡くなった事故が発生している。絶対に無理な徒渉をしてはならない。

・低体温症

高い山では、夏でも低体温症による死亡者が後をたたない。標高３０００メートル級（北海道なら２０００メートル級）の山で天気が崩れて気温が下がり、体が強い風雨に晒され続けると、夏でもすぐ低体温症を発症する。

低体温症の症状は、体温が軽症（35～33度）で震えが最大になり、すぐ眠る、無関心状態などの症状が表れる。中等症（33～30度）で錯乱状態、支離滅裂などが見られ震えは止まり歩行できなくなる。重症（30度以下）では呼吸や脈拍が減り、瞳孔が開く。その後、昏睡状態になり重篤となる。

天気が急に崩れたときは山小屋で留まり、天気の回復を待ってから下山する。

山小屋に避難できないときのために、夏でも装備に防寒着、アウター（レインウェア）、ツェルト、コンロか温かい飲み物を必ず携帯する。

ツェルトは風で飛んでいってしまうのを防ぐため、あらかじめツェルトの一端に紐を結んでおく。

ツェルトを袋から取り出すときは、まず紐を手首に絡ませておく（確実にツェルトをつかんでおくため）。次にツェルトが風で飛んでいかないように注意しながら袋から取り出す。ツェルトが飛んでいってしまったら、自分は助からないことを肝に銘じよう。

・熱中症

地球温暖化の影響で熱中症になる人が増えている。熱中症は、重症になると死亡することもある。熱中症を防ぐには速乾性の高いウェアを着用し、水分と塩分をこまめに補給しながら歩行することが必要だ。

体に熱がこもり、めまいや頭痛を感じ始めたら、炎天下を避け、風通しの良い場所で体を冷やす。水分と塩分の補給を切らしてはならない。回復しないときは早々に下山する。

また真夏なら、なるべく涼しい山域を選ぶ。そして早朝に登山を開始して午前中に下山するなど、暑さを避ける工夫をすると良い。

・熊

熊に遭遇するのを避けるには、「熊鈴」や「笛」が有効だ。

また熊は刺激のある匂いが好きなので、整髪料の匂いなどに寄ってくる。山では匂いの強い整髪料などは付けないこと。

熊は早朝と夕方によく活動する。早朝と夕方は要注意だ。ただし秋は冬眠前の食べ物探しで一日中活動する。

また風や雨の日も要注意だ。風や雨の日、熊は匂いや音を感じられないので人間に気づかない。気づかないので目の前で遭遇してしまう最悪の事態となる。


熊に攻撃されたときのためにはヘルメットの着用が有効だ。熊よけスプレーも推奨されているが、いざというときに取り出せるかどうかが重要だろう。熊よけスプレー用の専用ホルスターも販売されている。なお熊よけスプレーは風上で使用すること。

熊に出会ってしまったときの対応は次の通りだ。熊を目撃した場合、熊が近づいてこなければその場を静かに立ち去ろう。決して声を上げてはいけない。

もし熊に接近してしまった場合、熊の目を睨みつけながら、慌てずゆっくり後ずさる。

決して走り出したりしない。

また、絶対に死んだふりをしてはいけない。死んだふりをしても熊は襲ってくる。

・蜂

日本での生き物による死亡事故はスズメバチが最も多く、毎年20人くらい亡くなっている。スズメバチの活動期は夏と秋だ。9月から10月が最も攻撃的になる。

マラソンやトレイルランニング（山野を走る、いわゆる山岳レース）のランナーが次々と蜂に刺される事故が多い。ランナーが走ったときのスピードや振動が蜂を刺激するからだ。登山者は静かに歩いているので次々と攻撃されることはあまりないが、スズメバチの巣に近づいたり、餌運びの邪魔をすると攻撃を受ける。油断してはならない。

スズメバチに刺されないようにするには、まず黒いウェアの着用を避けること。白や黄色が望ましい。スズメバチは黒色を攻撃する習性があるからだ。頭も黒いので白系の帽子を被るのが良い。そして香水や化粧品、整髪料などは付けない。スズメバチを興奮させるからだ。

もしスズメバチが近づいてきてしまったときは、姿勢を低くして静かにその場を離れること。決して手で払ったり、走って逃げたりしてはいけない。ゆっくり逃げること。

▼救助要請

道迷いや体調不良を起こした場合、ソロトレッキングでは自己責任を原則としているので、最善を尽くし、ひとりで解決する。しかし負傷してしまったときなど、救助要請が必要だと判断したら速やかに救助を要請する。

スマートフォンなどの通信手段で連絡が取れれば、１１０番か１１９番に救助を要請する。救助には多額の費用がかかる。救助要請の連絡をすると、救助費用の支払いを了承するか質問される。

ヘリコプターでの救助が必要と判断された場合はその救助を受けられるだろう。しかしヘリコプターでの救助が可能な山であること、ヘリコプターが飛べる天候であることが前提になる。

ケガでヘリコプターの救助を受ける場合は次のようにしておく。

アイゼンを履いていたら外して、ザックにしまっておく。ヘリコプターの音が聞こえたらタオルを持ち、頭上で大きく回す。ヘリコプターが近づいたら今度はタオルを体の横で上下に振る。

ヘリコプターが着陸したらレスキュー隊員の指示を受けてヘリコプターに乗り込む。このとき、ヘリコプターの後方にいてはならない。プロペラに巻き込まれるのを防ぐためだ。ちなみに、併行して民間の救助団体に地上で救援を受けた場合は、その費用も発生する。

道迷いで救助を受ける場合は次のような流れになる。

スマートフォンなどで連絡を取ることができれば110番か119番に連絡する。そして可能な限り、発見してもらうための情報を伝える。

捜索方法は様々で、道迷い遭難をした山域の状況による。ヘリコプターによる捜索か地上の救助隊による捜索、あるいは両方の捜索が併行して行われるだろう。

民間のヘリコプターや救助隊は高額の費用が発生する。発見されるまでの時間や日数で費用は加算される。

▼登山保険

遭難して救助を受けた場合、高額の費用が発生する。いざというときのために、捜索・救助費用が支払われる登山保険に加入しておくことが重要だ。必ず登山保険に加入しておこう。

登山保険にはいくつか種類がある。捜索・救助費用のみをカバーする保険では日本山岳救助機構（ジロー）が有名。２０００円の年会費で最大５５０万円まで捜索・救助費用が支払われる。

そのほか、登山中のケガ・死亡の補償と捜索・救助費用の支払いを組み合わせた山岳保険が、いくつかの保険会社やアウトドアメーカーから提供されている。山岳保険は契約期間と補償範囲で保険の種類が分かれている。

契約期間が1年、3年、5年などの長期契約のものと、1日から契約が可能な短期契約のものがある。

また補償範囲が一般的な登山までを補償する保険と、ピッケルやアイゼンなどを使用した本格的な登攀《とうはん》まで補償する保険に分かれている。もちろん一般の登山のみを補償する保険の方が掛金は安い。

契約期間と補償範囲を確認し、自分の登山スタイルに合った保険に加入しておこう。

※日本山岳救助機構（ジロー） https://www.sangakujiro.com/

登山保険ではないが、道迷い遭難に非常に役立つサービスを紹介しておく。

このサービスは会員制捜索ヘリサービス「ココヘリ」という。ココヘリの会員が道迷いで遭難するとヘリコプターで捜索してくれるというサービスである。費用は年間３６５０円。１日あたり10円で利用できる。前出の日本山岳救助機構（ジロー）と一緒に加入すれば入会金（３０００円＋税）が免除される。

会員になるとココヘリの運営会社から会員証が送られてくる。この会員証が捜索のときに使う発信機になっている。発信機は将棋の駒程度の大きさで重さは20グラム、フル充電なら３ヶ月間、発信が持続する。登山にはこの発信機を持って山に登る。

万が一、道迷いで遭難した場合は本人か家族がココヘリの捜索受付窓口へ捜索を依頼する。捜索依頼を受けたココヘリは、全国の提携航空会社に捜索を依頼する。提携航空会社のヘリコプターには発信機の信号を受信できる専用受信機を搭載しているので、空からの捜索が可能になっている。

提携航空会社のヘリコプターが遭難した会員を発見したら、遭難した会員の正確な位置を警察や消防などの救助組織に引き継ぐ。以上がココヘリのサービス内容だ。ココヘリが遭難した会員を直接救助するわけではない。

なお、現在は提携航空会社のヘリコプターだけでなく、34都道府県の警察・消防・防災ヘリコプターも、ココヘリ専用受信機を搭載して救助活動を行っている。

最近は、場所によってはココヘリ加入の義務化という動きが出てきている。「川場スキー場武尊山登山口リフト」（群馬県）と「丸沼高原スキー場日光白根山ロープウェイ」（群馬県）は、既にココヘリ加入が義務化されている。

トレイルランニング大会のココヘリ加入の義務化も拡がっている。今後もココヘリ加入を義務化する場所が増えていくだろう。

行方不明者にならないために、ソロトレッキングの登山者は必ずココヘリに加入してほしい。

※ココヘリ　https://hitococo.com/cocoheli/

現在はインターネットやスマートフォンの普及でたくさんの登山記録が共有されている。検索をすれば知りたい情報をすぐ知ることができる。しかし気をつけなければならない重要なことがある。それはコースタイムである。コースタイムは短い方が偉いと考える人達がいるのだ。ネットの情報と登山地図のコースタイムと比較したとき、考えられない短時間のコースタイムを見つけたときは驚愕した。信じて登ればビバークするはめになる。ネットの情報の鵜呑みは、自分の命を落としかねないのだ。

第9章　ソロトレッキングの楽しみ方

▼四季の山を楽しむ　◆春山

春の山（春山）は、日差しがあれば汗ばむくらいである。春は風が吹く日もあるが、比較的天気は安定している。長い冬が終わり、春を迎えたら春山を楽しもう。標高の高い山はまだまだ深い雪の中だが、春は低山に登るのに良い季節だ。

春山の魅力は何と言っても様々な花に出会えることだろう。

早春の花といえばカタクリが有名だ。栃木県の三毳山《みかもやま》では3月中旬からカタクリが咲き始める。三毳山の標高はわずか２２９メートルしかないので手軽に登ることができる。三毳山のカタクリ群生地は全国でも有数の規模なので見応えがある。カタクリ以外にもアズマイチゲ、ニリンソウ、ヒトリシズカ、アマナなど、たくさんの花を見ることができる。

高尾山も手軽に登れる花の山だ。アズマイチゲのほか、いくつかの種類のスミレを見ることができる。東京都の郊外にある高尾山は標高５９９メートルの山だ。人気の高い山で、ケーブルカーで登ることもできる。食事のできるお店も多く、気軽な登山ができる。

尾瀬の春は5月と6月だ。麓では初夏を迎えている。尾瀬のミズバショウも人気が高いのでご存じの方も多いだろう。群生したミズバショウは圧巻である。ミズバショウ以外ではタテヤマリンドウやリュウキンカを見ることができる。リュウキンカは、かわいい黄色い花で登山者を迎えてくれる。

伊豆の天城山や奈良県と三重県の県境にある大台ヶ原ではシャクナゲが有名。大分県のくじゅう連山にある大船山《たいせんざん》では、見事なミヤマキリシマを見ることができる。

春を堪能できる春山だが、注意しなければならないこともある。山によっては残雪が残っていることがある。登山道が凍っている場合もある。春山には必ず※軽アイゼンを持っていこう。

そのほかに注意すべきは春の天気である。比較的安定した春の天気であるが、崩れることもある。天気が崩れて雨が降ったとき、雨が雪に変わることがあるのだ。雪に変わると気温が下がり、風が吹けば体感温度は真冬並みになる。こういうときのために防寒着と手袋を必ず持参する。

万全な装備をもって春の山を楽しもう。

※軽アイゼン　４～６本爪の軽量でコンパクトなアイゼン。

▼四季の山を楽しむ　◆夏山

夏の山（夏山）は一年の中で一番登山に適している。梅雨が明け、梅雨前線が遠ざかると夏山登山の季節である。存分に登山を楽しみたい。

夏山の魅力は安定した天気を利用して、長期の登山が楽しめること。縦走や奥深い山を目指すのも良い。

また夏には高山植物がいっせいに花を咲かせ、登山者を迎えてくれる。高山植物の群生地を持つ山も多くある。お目当ての花を目指して登るのも楽しい。

夏山のお奨めは縦走登山である。北アルプスや南アルプスを縦走してみよう。絶景が待っている。またテント泊登山も夏山のお奨めだ。山の「テン場」（テント泊エリア）で一晩過ごせば満天の星が見られるだろう。

平地でテント泊に十分慣れてから、山のテン場に出かけよう。

北海道の山に登るのもお奨めだ。緯度が高く夏が短い北海道の山は、盛夏に登るのが良い。また富士山登頂に挑戦するのも良いだろう。

天気が比較的安定する夏山だが油断してはいけない。午後から天気が崩れることもある。早立ち早着きの行動を取りたい。

熱中症対策も怠ってはいけない。台風や雷にも注意を払い、気象遭難を避けること。慎重な計画を立て、ひとりの夏山登山を楽しもう。

▼四季の山を楽しむ　◆秋山

秋の山（秋山）は秋雨前線が解消されると天気が安定し、気温は下がっていく。気温が下がっていくと樹々の紅葉が始まる。紅葉は北から始まり南下していく。また標高の高い山は紅葉が早く始まる。

秋山の魅力は何といっても紅葉だ。普段は見られない紅葉の絶景を秋山では見ることができる。紅葉を満喫した後は、下山して温泉で温まる。秋の至極の時間だ。お奨めの紅葉の山をいくつか紹介していこう。

まずは北アルプスの涸沢《からさわ》だ。涸沢パノラマコースを周回すれば時間を忘れて紅葉の絶景に見入ってしまうだろう。

槍ヶ岳の天狗原も人気の高いエリアだ。天狗池の「逆さ槍」を撮影する人も多い。北アルプスは白馬岳もお奨めだ。栂池《つがいけ》自然園から白馬大池へのコースが定番だ。ロープウェイを利用してアクセスできるので便利だ。

東北は八幡平がお奨め。そのほか、標高の低い山でも紅葉を楽しむことができる。群馬県の赤城山や東京都の鷹ノ巣山などだ。鷹ノ巣山は展望も抜群。北アルプスなど標高の高い山だけでなく、標高の低い山でも、紅葉を存分に楽しむことができる。

秋山ならではの注意点もある。一番注意が必要なのは日が暮れるのが早いこと。夏と比べると日照時間が少ない。日の出時間は遅くなり、日没の時間は早くなる。夏と同じペースで計画すると帰る頃には暗くなる。夜間の行動は避けなければならない。歩行時間が短いコースを選び、早立ち早着きの行動を。

また春山と同じように、秋山も天気が崩れると一気に気温が下がる。緯度や標高によるが雪が降ることもある。防寒着と手袋を必ず持参しよう。コンロを携帯し、温かい飲み物が飲めるようにするのも良い。

紅葉が進むと登山道に落ち葉が堆積する。登山道のトレースが見えなくなるので道迷いの可能性が高くなる。慎重に読図を行い、現在地の特定を頻繁に行おう。

意外な盲点が登山口へ向かうバスのダイヤだ。秋にダイヤを変更するバスがあるのだ。夏の行楽シーズンは運行本数が十分あったのに、秋以降のダイヤは運行本数が激減したりすることがある。最悪は登山口までのバス運行が無くなっていたりすることもある。交通機関の情報を事前に確認しておこう。

秋は日が暮れるのが早い。短めの登山コースを選び、早立ち早着きで秋山を楽しもう。

▼四季の山を楽しむ　◆冬の低山

冬の低山の特徴は広葉樹が落葉して視界が良くなり、登山道が明るくなる。また夏に比べて冬の空気は澄んでいるので、遠くまで見渡せるようになる。

夏の低山は蒸し暑くて登るのが大変だが、冬の低山は暑さを気にすることなく、登りやすい。冬は山に登らないという人もいると思うが、ぜひ冬の低山を楽しんでほしい。冬も山に登り続ければ、筋力を維持することができる。

冬の低山の魅力は、日差しを浴びながらの登山だ。低山の陽だまりの中で過ごす時間はとても贅沢である。休憩するときは温かい飲み物がうれしい。ゆっくり山頂を目指す。下山して温泉に入れたらなお良い。

低山は冬でも雪が積もらないが、稀に雪が積もるときがある。そのときは雪が積もった低山に登るのがお奨めだ。丹沢の大山や長瀞の宝登山などが良い。気楽な雪山が楽しめる。もちろん防寒着や軽アイゼンが必要だ。

冬の低山の注意点は、低山であっても冬山であるということを認識すること。最低気温が氷点下になる山も多いだろう。

従って冬山の装備を準備することが重要だ。保温効果のある帽子やネックウォーマー、防寒着や手袋を用意する。コンロやツェルト、軽アイゼンも必要だ。

また道迷いを起こさないこと。地図、コンパス、ＧＰＳを持参し、適切な読図を行う。計画時は登山道が明確な山を選びたい。冬の低山に慣れないうちは、過去に登っている山を選ぶのが望ましい。

▼山小屋

山小屋は様々なタイプがある。

登山シーズンだけ営業する山小屋、通年営業の山小屋。収容人数20人ほどの小さな山小屋から、収容人数８００人くらいの大きな山小屋まである。

ここでお奨めしたいのは山小屋を楽しむこと。山小屋での滞在時間の楽しみ方を紹介する。

・山小屋の食事

山小屋の食事も様々である。夕食は毎日「カレー」と決まっている山小屋もある。かたやフレンチのコース料理のような夕食を出す小屋もある。

たくさんある山小屋の中から、食事が楽しめるお奨めの山小屋をいくつか紹介する。

まずは八ヶ岳にある山小屋「赤岳鉱泉」。

夕食にステーキが出てくる。ワインも頼めるので料理が堪能できる。ここは山奥だということを一瞬疑ってしまう。しゃぶしゃぶやビーフシチューが出ることもある。いつも美味しい料理が提供されるのでお奨めだ。

神奈川県にある丹沢山の山小屋「みやま山荘」もお奨めの山小屋である。

ここは陶板焼きが有名だ。肉と野菜を自分で焼きながら食べられる。アットホームなもてなしと美味しい食事が楽しめるのでリピーターも多い。人気の山小屋なので、予約は早めに入れるのが良い。

長野県と山梨県の県境、金峰山《きんぷざん》にある「金峰山小屋」も料理の評判が高い。

夕食はワインが付いたワンプレートディナー。内容はチキンソテーやポークソテー、ステーキのこともある。静かな音楽を聴きながらリッチな雰囲気の夕食が楽しめる。

朝食はお粥が提供される。お腹にやさしい食事がうれしい。

最後は甲斐駒ヶ岳の山小屋「仙水小屋」だ。

ここでは和食のご馳走が食べられる。新鮮な刺身や煮物、天ぷらなどが提供される。晴れていれば全員、外のテーブルで食事をすることができる。

山小屋とは思えない豊かな食事の時間である。

この小屋も人気の山小屋だ。早めに予約をして評判の食事を楽しもう。

・温泉のある山小屋

山小屋のもうひとつの楽しみ方は温泉だ。

山小屋の温泉で汗を流し、風呂上がりに冷たいビールが飲めたら最高だ。温泉があるお奨めの山小屋をいくつか紹介する。

まずお奨めするのは福島県の安達太良山《あだたらやま》にある山小屋「くろがね小屋」。白濁した温泉は源泉掛け流し。開け放たれた窓からは、銀山の稜線が見える。雄大な景色を見ながら入る温泉、気分は最高だ。酸性泉の源泉は岳温泉。人気が高く、予約を取るのが難しいので、早めに計画するのがお奨めだ。

栃木県の茶臼岳にある山小屋、三斗小屋温「泉煙草屋旅館」も魅力的な山小屋だ。この山小屋は露天風呂が人気だ。岩盤上にある源泉掛け流しの露天風呂は屋根も囲いもなく、遠くの山々が見渡せる。

夜は露天風呂に入りながら、満点の星空を見ることができる。この山小屋は電気もなく携帯の電波も入らないが、気分の良い時間を過ごすことができる。なお冬季は休業。立ち寄り湯はやっていない。

八ヶ岳にある山小屋「本沢温泉」もお奨めだ。この山小屋の露天風呂は日本で一番標高が高い場所（２１５０メートル）にある、ということで有名。

日本最高所の雲上露天風呂は混浴。河原にある露天風呂は湯船だけ。脱衣所も囲いもない。女性は水着を着て入っている。露天風呂のほかに内湯もある。こちらは屋内だ。

創業１３８年のこちらは通年営業。冬に宿泊する人は、麓まで雪上車で迎えに来てくれる。テント泊も通年利用が可能。

東京、埼玉、山梨にまたがる雲取山にある山小屋「三条の湯」は、雲取山山頂の南西に位置する山小屋。窓から沢のせせらぎが聞こえる温泉は冷鉱泉を薪で沸かしたもの。とろとろのお湯が体を芯まで温める。夕食は山菜や鹿肉など山の幸を使った料理が楽しめる。元旦は正月料理が提供される。

大分県のくじゅう連山の坊がつるにある山小屋「法華院温泉山荘」は、「日本秘湯を守る会」に登録されている本格的な温泉だ。

源泉掛け流しの風呂は、沢のせせらぎが聞こえる。窓から見える大船山などの景色も素晴らしい。なお予約は三ヶ月前から可能だ。

立山の室堂平にある山小屋「みくりが池温泉」は標高2410メートルにある、日本で一番高所にある天然温泉だ。

白く濁る温泉は地獄谷から引かれたもの。無加水・無加温の硫黄泉はもちろん源泉掛け流しだ。しかも24時間いつでも入浴することができる（清掃時間を除く）。この山小屋からの景色は絶景。紅葉の時期がお奨めだ。

なお先ほど紹介した八ヶ岳の山小屋「赤岳鉱泉」も温泉が楽しめる（夏季のみ）。

以上紹介した温泉のある山小屋は、環境保護のため石鹸やシャンプーは使用できない。

また訪れる際は早めに山小屋に到着し、ゆっくり温泉を楽しもう。

・山小屋のイベント

山小屋の中にはイベントを開催しているところがある。山小屋のイベントを楽しむのもお奨めだ。

山小屋で一番多いイベントは、楽器の演奏会だ。様々な楽器奏者が演奏会を開催している。演奏会は年に1、2回実施されるパターンが多いだろう。

山小屋のスタッフによる楽器演奏が名物のところもある。

年末や正月にイベントを開催する山小屋も多い。大晦日には忘年会やカウントダウン、元日は餅つきなどが行われる。雲取山にある山小屋「雲取山荘」では、毎年大晦日に「闇鍋」が開催される。

観察会を実施する山小屋もある。星座観察で有名な北八ヶ岳にある山小屋「高見石小屋」は夕食の後、天体望遠鏡による星空観察会が行われる。ほかの山小屋でも天体望遠鏡を見せてくれるところは多い。

また学習系のイベントを開催する山小屋もある。前出の法華院温泉山荘では「山岳気象教室」、室堂平のみくりが池温泉では「高山植物や紅葉の写真教室」、北八ヶ岳の山小屋「麦草ヒュッテ」では珍しい「苔観察教室」が開催される。山小屋のイベントはたいてい無料だが、学習系のイベントは有料だ。

事前にイベントの開催時期や費用を確認し、山小屋を予約しよう。

・山小屋利用のポイント

山小屋を利用するうえでのポイントをいくつか紹介する。

山小屋を予約するときは「水の供給」を確認しよう。一切、水が出ない山小屋もある。水のない山小屋で持参した水が空になれば、山小屋でボトルの水を購入するしかない。またボトルの水の在庫があるとは限らない。自炊するときは特に重要だ。

雨の日は雨具を脱いでから山小屋に入ること。雨具の水を部屋に撒き散らさないマナーだ。脱いだカッパとザックカバーはビニール袋に入れ、ザックにしまってから部屋に上がる。

ストックは山小屋の入口か山小屋指定の場所に置いてから部屋に入ること。剥き出しのストックを部屋に持ち込んではいけない。筆者はストックを小屋の入口に置いておくのは心配なので、ストックを収納袋に入れて、ザックと一緒に部屋に持ち込んでいる。

ザックに熊鈴を付けたまま部屋で過ごしている人がいるがこれはいただけない。部屋に熊はいないので、熊鈴はしまってから小屋に入りたい。

また山小屋では荷物の取り違えも発生する。自分の登山靴を誰かが履いていってしまった、ということもまれではない。装備には名前を書いておこう。

山小屋の夜は、ひとつの部屋で多くの人が一緒に寝る。ほかの登山者の物音で起きてしまうことも多い。既に記載したが、こういうときは、耳栓やラジオが有効だ。

また混雑した山小屋では朝食後にトイレ渋滞が発生する。これを避けたいときは、朝食を自炊にする。山小屋の朝食時間帯の前に、自分だけは朝食を済ませてしまう。ほかの登山者と時間をずらすことで、混雑時の山小屋のトイレ渋滞は避けられる。早立ちも可能だ。

山小屋のお奨めの楽しみ方は以上である。登山とともに山小屋の食事、温泉、イベントを存分に楽しんでほしい。

▼テント山行

・テント泊登山の魅力

テント泊登山の魅力はとにかく自由なこと。山小屋と違って予約は不要。食事の指定時間や消灯時間に縛られることもない。しかも料金は安い。５００円か、高くても１５００

円くらい。

自炊だから好きなものを好きなときに食べればいい。夜、テントから顔を出せば満天の星空もある。好きなだけ見ていて構わない。

しかしテント泊登山は良いこと尽くめではない。テントの設営や撤収、食事の用意、就寝の準備など、結構やることは多い。またテント泊登山に必要な装備は重いし、風雨があれば設営・撤収の手間が増える。

忘れ物をしても、テントが破損しても、ソロトレッキングは自己責任が原則である。誰も頼ることはできない。だが、こんな労力を上回るほどテント泊登山の満足度は高い。

ソロテント山行を楽しむためのポイントをいくつか紹介する。

・テント泊登山の計画
ソロテント山行は自由だが、計画を立て、時間通りに行動しなければならない。コースタイムを見積もり、テントを設営する時間、調理する時間を組み入れる。

テントを張っていい場所（テン場）は、たいてい山小屋が管理している。

早立ちし、テン場には早めに到着しよう。昼頃到着できればベストである。到着してか

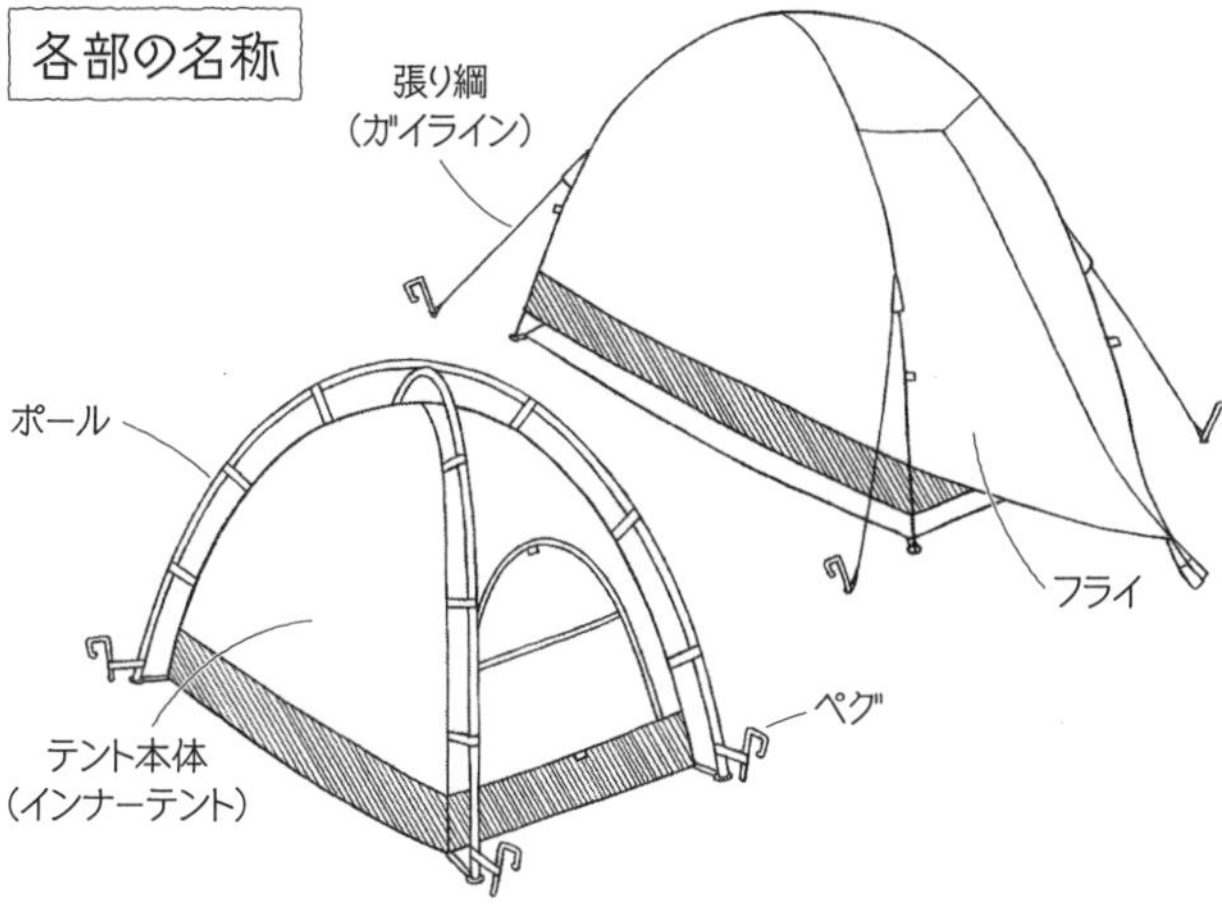

ら余裕を持ってテント設営ができるだろう。

・テント泊登山のコースタイム

早立ちする理由にはコースタイムもある。担ぐ荷物の重量があるので登山地図のコースタイムより時間がかかる。荷物が重いほど歩く時間が遅くなる。テント泊山行を計画するときは、登山地図のコースタイムの二倍はかかると見ておこう。体力や荷物の重量、通る登山道の傾斜によってはコースタイムの三倍かかることもある。

・テント泊登山の装備

テント泊登山の装備はテントとシュラフ、スリーピングマットに炊事用具、コンロ、食糧が必要だ。水場の有無も事前に確認しておく。水場がなければテント泊登山中に必要な量の水をすべて担ぐことになる。テントの破損対策として補修部材も用意する。ソロテント山行では本やラジオを携行するのも良い。

なおテントは山岳用のテントを選ぶこと。山岳用のテントは耐風を考慮した設計で作られており、ある程度の強い風でも耐えるようにできている。

一般のキャンプ用テントは重いし、耐風の考慮はされていない。

・テント泊登山のコース取り

テント泊登山は、コースの取り方により二つの型がある。縦走型とベース拠点型だ。

縦走型は登山口から登り始めて別の登山口へ下山するもの。普通はこのコース取りになる。コースを自由に選べるが登山中、常にテント泊装備を担ぐことになる。

ベース拠点型は、登山口にあるキャンプ場などにテントを設営し宿泊する。翌朝、登山に必要な装備だけで山頂を往復する（いわゆるピストン登山）。

ベース拠点型はキャンプ場にテント泊の装備をデポ（一時的に置いておくこと）できるので、登山中は身軽な装備で行動することができる。

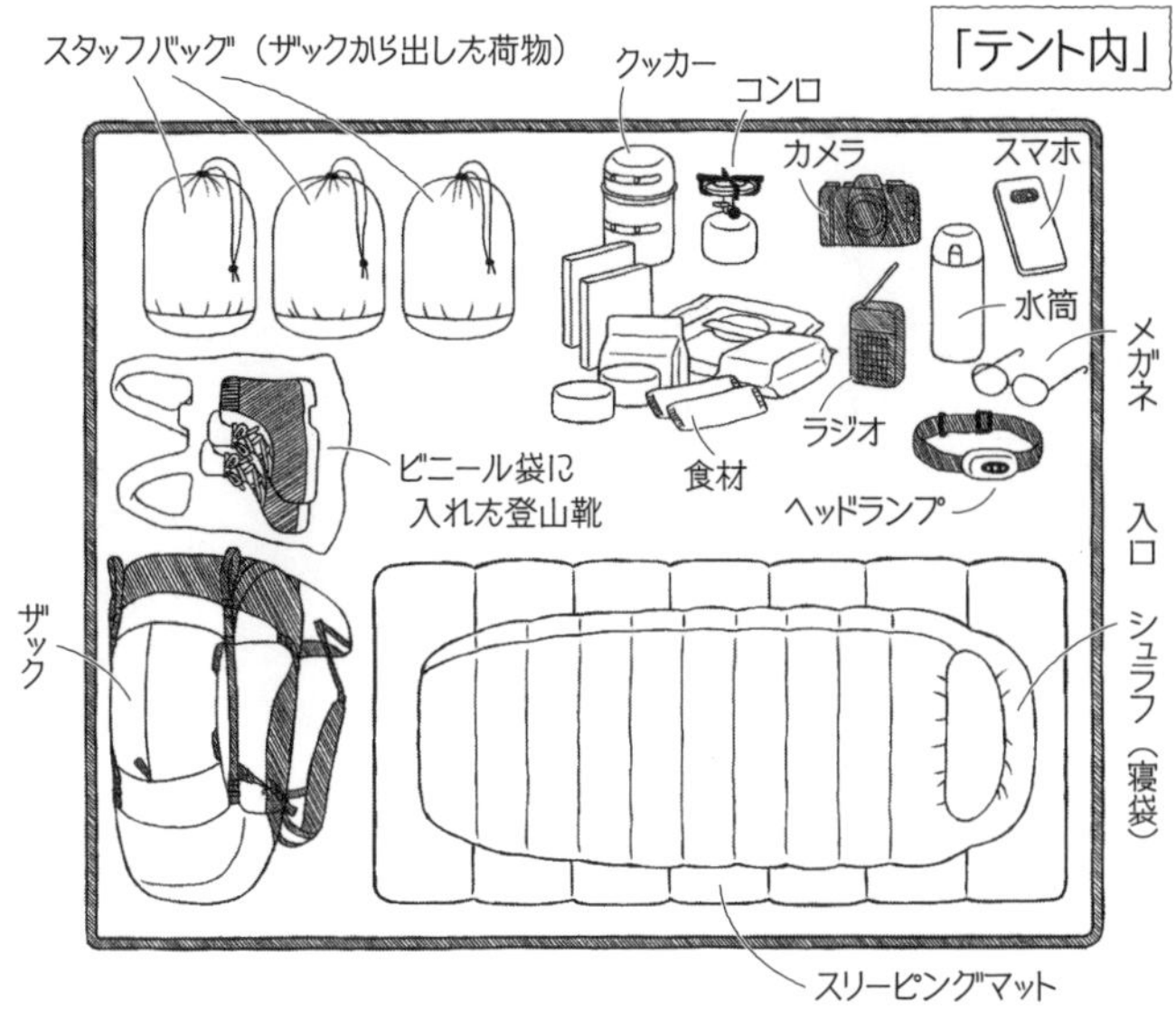

　また二つ（縦走型とベース拠点型）を組み合わせることもできる。最初の山へテント泊装備を担いで登る。その山のテン場にテントを設営し、ベース拠点とする。

　翌朝テン場にテント泊装備をデポし、次の山へは身軽な装備でピストンし、ベース拠点へまた戻る、といったことができる。

　山頂やテン場の場所を確認し、テント泊登山のコース取りを計画しよう。

・テントの設営

　テン場に到着したら、受付で料金を先に払ってからテントを設営する。

テントを設営する場所は、水平で岩や木の根がない場所を選ぼう。傾斜があるとテントの中の荷物が転がって外に出てしまったり、水筒が倒れたりする。

テントの向きは、入口を風下にする。入口を風上にした場合、入口を開けたときに強い風が入ってきてテントを倒したり、破損させたりする。入口は風下にすること。

崖の下もテント設営は避けたい。地震などで岩が転がってくることを想像するとゾッとする。安全な場所にテントを設営したら、自炊を楽しんで就寝する。

・テント泊登山と温泉

テント泊登山でもお奨めなのが、温泉のあるテン場を利用することだ。前出の温泉のある山小屋のほとんどはテン場もある。雲取山の三条の湯、八ヶ岳の赤岳鉱泉や本沢温泉、くじゅう連山の法華院温泉山荘、室堂平のみくりが池温泉（雷鳥沢キャンプ場）などだ。白馬岳の白馬鑓温泉小屋も風呂とテン場がある。テント泊でも温泉で汗を流せるのだ。温泉に入ってからテントで寝る。至極の時間である。

▼避難小屋

避難小屋って何だろう？　使ってもいいの？　と思っている人も多いのではないだろうか。

避難小屋を利用すると登山の幅が広がるのでぜひ利用しよう。ここでは避難小屋の概要と利用するときのポイントを紹介する。

・避難小屋の概要

避難小屋の種類は様々である。50人以上泊まれる避難小屋もあるし、5人しか泊まれない避難小屋もある。フローリングのきれいな避難小屋もあれば、土間にベニヤ板を1枚敷いただけの避難小屋もある。

避難小屋は1年中使用できるが、地域によっては夏季だけ開放している避難小屋もある。トイレや水場の有無も避難小屋によって様々だ。いつでも避難小屋を利用して構わない山域と、緊急時以外は使用を禁じている山域がある。

たいてい避難小屋を利用するのは無料だが、協力金を支払う避難小屋もある。協力金は500~2000円程度である、ぜひとも協力しよう。

・避難小屋泊登山の魅力

避難小屋泊登山の魅力はテントがなくても泊まれること、予約は不要、しかも無料で泊まることができることだ。雨が降っても安心して泊まれる。

また時間的に日帰りでは登頂できない山も、避難小屋があれば1泊して登頂が可能になることもある。

・避難小屋泊登山の計画

避難小屋泊登山を計画するときは情報収集が重要だ。緊急時以外でも利用していい避難小屋か、1年中利用できるのか、トイレや水場はあるのか、などを事前に確認しておく。

なお、水場があっても涸れていることがあるので、必要な水の量は携行する。

また、避難小屋を利用する登山者がいっぱいで入れないこともある。混雑して入れないときは利用できない。こういうときのために必ずツェルトを持参する。

・避難小屋での過ごし方

避難小屋内は限られたスペースである。お互い譲り合って過ごそう。遅くとも午後三時には避難小屋に到着し、食事を取ったら午後八時には就寝する。翌日は早朝に出発する。山に慣れた人ならこのような時間の使い方をするだろう。

避難小屋内の温度は外と変わらない。夜明け前に最も温度が下がる。シュラフや防寒着の防寒対策を怠らないこと。もちろん照明はないので夜の避難小屋内は真っ暗だ。ヘッドランプを忘れないこと。

・避難小屋でのマナー

アイゼンは避難小屋に入る前に必ず外してから入ること。水場があっても食器を洗ったりしないこと。使った食器はロールペーパーなどで汚れを拭き取る。

帰るときは避難小屋の中を掃除する。来たときよりもきれいにして帰ろう。もちろんゴミは持って帰ること。

避難小屋を出るときは、ドアをしっかり閉めること。ドアが開いていると避難小屋の中に虫や動物が入ってきてしまう。必ずドアをしっかり閉めて出発しよう。

避難小屋泊登山のポイントは以上である。

避難小屋の存在に感謝しつつ、避難小屋泊登山を楽しもう。

▼雪山入門（スノーシュートレッキング）

ソロトレッキングの登山者の雪山入門として、スノーシュートレッキングをお奨めする。

・「スノーシュー」とは

雪の上を歩くための歩行具として、日本では木の枝などで作られていた「かんじき」というものがあった。これに対して西洋で開発されたかんじきを「スノーシュー」という。素材は樹脂やアルミ合金。「西洋かんじき」と呼ばれることもある。

最近の日本式かんじきは軽金属で作られている。「ワカン」と呼ばれ、現在も山で活躍している。ワカンはコンパクトだが浮力は強くない、スノーシューは大きくなるが浮力は強い。

・スノーシュートレッキングの魅力

スノーシュートレッキングの魅力は、雪の上ならどこでも歩けることだ。足が埋まってしまって歩けないような新雪でも、スノーシューを履いていれば歩ける。急な坂は別だが、傾斜の緩やかなところならどこでも歩けるのだ。しかもスノーシューは簡単に履けて歩きやすい。

また雪山の景色は素晴らしい。登山道を歩いていると、急に広大で真っ白な雪原が現れたりする。

・スノーシュートレッキングの装備

スノーシュートレッキングに行くには雪山装備が必要だ。ウェアはインナー、ミドル、アウターともに速乾性素材のもので雪山用の保温性の高いもの。手袋は雪山用の手袋と厚手のオーバー手袋を用意し、手袋の上にオーバー手袋を着用する。

帽子は厚手のもので、耳を覆い保護できるもの。ネックウォーマーや顔を保護する目出し帽も用意する。靴下は厚手のもの。登山靴も雪山用が必要だ。

登山靴の上にはロングスパッツを着用する。ストックは必須である。アイゼンは爪が十本以上のものを用意して、必要に応じて使用する。
実際に携行する装備は、スノーシュートレッキングのコースや標高、気候に応じて選定する。

・お奨めのスノーシュートレッキングコース

スノーシュートレッキングのお奨めのコースは、何と言っても北八ヶ岳の北横岳だ。スタート地点の坪庭までロープウェイで行くことができる。山頂までの登山道は歩きやすく距離も短め。日帰りが可能な行程だが、冬季に営業している山小屋があるのでこれを利用すればゆっくりした登山が楽しめる。

ロープウェイ山麓駅ではスノーシューのレンタルがある。まずはレンタルを利用するのもいいだろう。北横岳でスノーシュートレッキングができるのは12月下旬から3月下旬まで。

次にお奨めなのが、長野県の南東部にある入笠山だ。こちらも途中までロープウェイで行くことができる。登山道は緩やかで、山頂からは360度の大展望を楽しむことができる。

冬季に営業している山小屋もある。入笠山の山小屋ではスノーシューツアーが開催されている。ツアーに参加してスノーシューに慣れるのもいい。

・スノーシュートレッキングの注意点

雪山登山の注意点は何といっても自分の命を守ること。ソロトレッキングでは自己責任が原則だ。自分で自分を守るしかない。また手の指や足の指、耳などを凍傷から守ること。防寒手袋や目出し帽で凍傷になるのを防ぐ。防寒対策としてコンロや温かい飲み物を携帯する。ツェルトも忘れてはならない。

雪山で天気が崩れると厳しい状況になる。風速が1メートル強くなると、体感温度は1度下がる。マイナス5度のとき、風速15メートルの風が吹くと、体感温度はマイナス20度になってしまう。油断してはならない。

また手袋を風で飛ばしてしまったら凍傷になる。飛ばさないように着用しなければならないのはもちろんだが、予備を2個以上用意してザックに入れておく。帽子や靴下も予備を用意する。風雪が飛んでくるときのために、サングラスとゴーグルを用意する。雪山は紫外線が強いので、サングラスやゴーグルは紫外線対策としても有効だ。

雪山では道迷いをしないための対策も重要だ。地図とコンパスの重要性を再確認し、GPSも忘れずに持っていく。通信手段としてスマートフォンをフルに充電して持っていく。充電用の携帯バッテリーも必ず持っていく。厳冬期はバッテリーの消耗が激しいので重要だ。アイゼンが必要になったときに着用できるよう、常に携帯する。アイゼンの着用は事前に練習しておこう。

スノーシュートレッキングの注意点は以上である。万全の準備をしたうえでスノーシュートレッキングを楽しもう。

▼低山

・低山の魅力

低山の魅力は、いつでもすぐ行けること。標高の高い山へ行くのに比べて装備は少なくて済むので、準備に時間がかからない。身軽な装備で気楽に出かけられる。

また低山は人里に近いところにあるので寺社や旧跡が多い。歴史に触れることができるのも魅力だ。

意外な魅力は山頂から海が見えること。山にもよるが、近くに海が見えるのは低山ならではだ。また駅からすぐに登れる山を選べば、駐車場の確保に神経を使うこともない。交通費も安くて済む。

短時間のコースを選べば早い時間に下山できる。余った時間は寄り道をしてもいい。少し時間が取れたときはトレーニングも兼ねて、ぜひ低山に出かけよう。

・低山登山のポイント

低山登山のポイントは早立ちすること。夏の低山はものすごく暑い。手軽なコースを選び、早朝に出発すれば昼頃には下山できる。一日で最も暑い時間帯を避けられる。

秋や冬も早立ちすること。秋や冬は日が暮れるのが早い。早立ちすれば日没の時間を気にしなくて済む。いずれにしても早い時間に出発し、早い時間に下山する。余った時間には立ち寄り湯や居酒屋に寄っても楽しい。

・お奨めの低山

お奨めの低山をいくつか紹介する。

千葉県にある鋸山《のこぎりやま》はロープウェイで山頂まで行けてしまう山だが、やはりゆっくり歩くのが楽しい。

石切場の跡には「百尺観音《ひゃくしゃくかんのん》」がある。予想外の高さに驚く。山頂の横には鋸山のシンボル、「地獄のぞき」と呼ばれる展望台がある。

山頂からは東京湾が一望でき、運が良ければ富士山を見ることができる。「日本寺《にほんじ》」には「千五百羅漢」や日本一の大きさを誇る「石大仏」がある（日本寺の入場は有料）。

また最寄りのＪＲ保田駅の近くには漁協直営の食堂「ばんや」があり、新鮮な魚を食べることができる。

同じく千葉県にある大福山は渓谷も楽しめる。梅ヶ瀬渓谷の清流にはカジカなども住んでおり、豊かな自然が残っている。最寄りとなる小湊鉄道の養老渓谷駅は養老温泉郷の玄関だ。黒湯が売りの温泉は立ち寄り湯が可能。ぜひ入浴していこう。

神奈川県の大磯にある高麗山《こまやま》は相模湾のすぐ近くにある。山頂からは相模湾が一望できる。麓には渡来人伝説のある「高来神社《たかくじんじゃ》」がある。帰りに寄っていこう。

神奈川県の逗子にある二子山《ふたごやま》も渓谷が楽しめて、山頂からは東京湾が一望できる。森戸川渓谷は野鳥で有名。逗子駅の前にはお店がたくさんあるので、帰りにビールで喉を潤して帰るのもいい。

神奈川県のＪＲ湯河原駅から登れる城山からは、真鶴半島を見下ろせる。湯河原駅からバスで行く幕山もお奨めだ。登山口の「幕山公園」には梅林がある。梅の季節に行くのが良い。「湯河原ラドンセンター」は立ち寄り湯が可能。

箱根登山鉄道の小涌谷《こわきだに》駅から登る湯坂路（湯坂山）には、ツツジ祭りが行われる庭園「蓬莱園」がある。千条ノ滝は休憩するのに良い。

また箱根湯本駅に向かう途中には日帰り温泉施設の早雲足洗の湯「和泉」がある。ここで汗を流してから箱根湯本駅の土産屋を散策していこう。

・ご当地アルプス

低山の縦走もお奨めだ。

「鎌倉アルプス」は鶴岡八幡宮周辺の山や寺社を巡るハイキングコース。歴史に触れることができる。

静岡県の「沼津アルプス」は、ＪＲ沼津駅から5山7峠を縦走するコースだ。低山ながらクサリ場もある、手ごたえのある縦走コースだ。

沼津アルプスの魅力はその眺望。眼下に駿河湾を見下ろし、北には富士山がそびえる。平成26年には皇太子（当時）も登られたコースである。

お奨めの低山は以上である。関東周辺の紹介になってしまったが、全国で低山のソロトレッキングを楽しんでほしい。

・低山登山の注意点

低山登山の注意点は、道迷いを避けることに尽きる。

低山の道は日本百名山の道より難しい。登山道以外に、紛らわしい作業道もたくさんある。道標が整備されているとは限らない。

登山者の少ない低山が一番難しい。行方不明の登山者がいまだに発見されない例も多数ある。地図、コンパス、ＧＰＳを活用し、油断せず慎重に登ってほしい。

▼自炊

山では食事が楽しい。急登（急傾斜が続く登山道のこと）を登りながら、到着してからの食事を励みに頑張る人も多いことだろう。山では美味しいご飯やつまみがあると、豊かな時間が過ごせる。更にお酒があるとうれしい。

・自炊の魅力

自炊の魅力は好きなときに好きなものを好きなだけ食べられること。調理器具や食材は荷物になるが、多少の苦労はあっても自炊は楽しいものである。山小屋泊で自炊するのもいいが、テント泊で自炊する方が自由だ。山小屋でも、自炊室があればかなり自炊しやすい。

最近はコンビニの総菜や調味料が、ひとり暮らし用のサイズを揃えてきた。山で自炊する人には好都合である。

ここでは自炊しやすい料理を紹介していこう。

・前菜（つまみ）

簡単なところでは、フライパンで粗挽きソーセージとピーマンを焼く。スライスベーコンと卵を焼くのでもいい。ビールに合うつまみがすぐにできあがる。生卵は割れないように、卵専用の容器に入れて持っていく必要がある。

・サラダ

コンビニのおかげでサラダも簡単に作れるようになった。作るといっても混ぜるだけだが。コンビニでレタス入りのカット野菜と個装のドレッシングを買ってくる。山ではカット野菜の上にドレッシングをかけるだけだ。そこにツナ缶やチーズをお好みで入れる。おつまみサラダの完成だ。お新香のパックを添えるのも良い。

・カナッペ

バゲット（フランスパン）があるとより楽しいつまみが食べられる。バゲットに好みの具材を載せて食べる。載せるものはコンビーフにミックスビーンズを混ぜたもの。チーズとアンチョビを載せるのもいい。生ハムをバゲットに載せれば更に美味しい。とてもワインに合う。

・パスタ

ワインに合うのはパスタだ。最近は登山用品店でフリーズドライの美味しいパスタが販売されている。イタリア製のものがお奨めだ。トマトソーススパゲティやクリームソーススパゲティが、水を加えて加熱するだけで食べられる。しかし1泊ぐらいの自炊なら市販の冷凍スパゲティを使うのがお奨め。種類は豊富だし、価格も安い。

凍ったままの冷凍スパゲティをザックに入れて山に登る。山小屋に到着し夕食の準備をする頃、冷凍スパゲティは溶けている。これをフライパンで温めるだけ。オリーブ油を足せば更に美味しくなる。ワインが進む。

・鍋

冬は鍋料理があるとうれしい。鍋料理も最近は自炊しやすくなった。ひとり鍋用の調味料が現れたからである。キューブ状のものやプチッと開けて入れるものなどである。寄せ鍋やキムチ鍋、ちゃんこ鍋や濃厚白湯鍋なんていうのもある。

食材は野菜と肉と豆腐があればいいだろう。袋入りのもやしなども安くて便利だ。肉は事前に小分けして保冷袋に入れて持っていく。事前に肉が用意できなかったときは、コンビニのパック入りサラダチキンを使うのも手だ。

・「冷凍鍋焼きうどん」を使った鍋

この鍋はコンビニで売っている「冷凍鍋焼きうどん」を利用する。アルミ箔の鍋の中に具材とつゆ、うどんが凍らせてあるものだ。

山に登るときは肉と野菜、保冷袋に入れた冷凍鍋焼きうどんをザックに入れておく。冷凍鍋焼きうどんは念のため防水対策をしてから保冷袋に入れる。しょう油や塩も持っていく。

食べるときは次のようにする。まずコンロで冷凍鍋焼きうどんを加熱する。つゆが溶けたら、うどんを取り出しコッフェルなどに入れておく。この取り出したうどんは最後に食べるので取っておく。

うどんを取り出したつゆの中に肉や野菜を入れて鍋を楽しむ。つゆが減ったら水を足し、味が薄くなったら塩などで味を調整する。

最後に取り出しておいたうどんをつゆに戻し、シメのうどんを楽しむ。

なおこの方法は真夏にはやらない方がいい。凍ったツユがすぐに溶けてしまい、具材などが傷んでしまう。

料理といえないものも含まれているが、自炊しやすい料理の紹介は以上である。食材は調達しやすいように、コンビニで買えるものを中心にした。

なお雨などで、どうしてもテント内で調理しなければならない場合、必ず入口は開けておき、常に換気をすること。

山小屋やテン場へはなるべく早く到着し、ゆっくりと自炊を楽しもう。

▼写真撮影

山頂で出会った絶景に感動し、この感動を友人などに伝えたいと思ったことはないだろうか。また、山頂直下の山小屋で見た美しい星空を写真に残したいと思ったことはないだろうか。ソロトレッキングに慣れてきたら、山行に写真撮影を加えるのもお奨めだ。

・カメラ・レンズ

絶景の山を撮影するには撮影機材が必要だ。山の撮影に向いているカメラを選ぶなら、「絞り優先モード」があるカメラを選ぶ。絞り値を適正に設定すれば、近くから遠くまでピントが合う。山岳写真に最適だ。露出補正機能もあると良い。

星を撮影するなら「バルブモード」があるカメラが良い。バルブモードがあれば、星を撮影するときに長時間シャッターを開けておくことができる。バルブモードのときは「ケーブルレリーズ」を用意する。ケーブルレリーズがあれば、シャッターを直接操作できるのでカメラがブレるのを防ぐことができる。カメラの予備バッテリーも用意しておこう。

山の撮影なら、レンズは広角レンズがお奨めだ。広い範囲を写すことができる。望遠レンズもあると良い。

・三脚

三脚はカメラの重さに耐えられるものを選ぶ。カタログの最大積載重量を確認し、自分のカメラの重さに耐えられる三脚を選ぶ。

三脚の雲台（カメラを装着する部分）には自由雲台と3ウェイ雲台がある。自由雲台の方がカメラの位置決めが簡単だ。

・撮影に適した時間

山を撮るなら、撮影する時間にこだわるのも良い。日の出、日の入り前後は光が変化する時間帯なのでお奨めだ。光の変化を感じながら撮影することができる。

モルゲンロート（朝焼け）やアーベンロート（夕焼け）が現れたら最高だ。

次からは、お奨めの撮影地をいくつか紹介する。

・お奨めの撮影地／北アルプス

北アルプスは撮影地に事欠かない。

穂高岳の「涸沢カール」は人気の撮影地だ。撮影に適した季節は、カメラを持った多くの登山者で賑わう。槍ヶ岳の天狗原も同様で、カールと槍ヶ岳を撮影することができる。

剱岳の「池の平」は裏剱を撮影するのが定番。黒部の「室堂平」も人気の高い撮影地だ。

バスやロープウェイを乗り継いで行く。鹿島槍ヶ岳は「遠見尾根」がお奨め。

西穂独標は新穂高ロープウェイを利用すれば手軽に行ける。西穂独標から北アルプスのパノラマを撮影する。日帰りが可能だが、西穂山荘に泊まってじっくり撮影したい。

・お奨めの撮影地／中央アルプス
中央アルプスの木曽駒ヶ岳は、宝剣岳を撮るのが定番だ。「千畳敷カール」まではロープウェイで行くことができる。たくさんの高山植物を見ることができる。

・お奨めの撮影地／南アルプス
南アルプスにある間ノ岳は八本歯のコルがお奨め。どっしりした間ノ岳を撮影しよう。

北岳も良い。肩の小屋付近から高山植物と一緒に南アルプスの山々を撮影しよう。なおこの地域は３０００メートルを超える標高なので高山病に注意する。

・お奨めの撮影地／群馬県・山梨県

群馬県の谷川岳は山頂から仙ノ倉山方面を撮影するのがお奨め。群馬県の尾瀬は燧ヶ《ひうちが》岳《たけ》を撮るのが定番。池に写る、逆さ燧を撮りたい。

山梨県の八ヶ岳もお奨めだ。八ヶ岳はアクセスが良いし、山小屋もたくさんあるので便利である。硫黄岳山頂からは荒々しい岩稜が撮影できる。山梨県の三ツ峠山は富士山撮影の拠点となっている。山小屋に泊まって、じっくり富士山を撮影する人も多い。お奨めの撮影地紹介は以上である。

上達するにはたくさん山を撮影するのが基本だが、教えてもらうのも良い。撮影教室を開催している山小屋もある。

またプロ（山岳写真家）の写真教室や山岳撮影ツアーなども開催されている。

▼高山植物

登山をしていると様々な高山植物に出合う。山の楽しみのひとつである。

高山植物のことをもっと知りたい、と思ったことはないだろうか。高山植物に夢中になるのもお奨めだ。

・高山植物とは

高山植物は、森林限界より上で咲く花のこと。森林限界の標高は、山の緯度で変化する。山がある場所によって、森林限界の高さは違うことになる。山では標高が１００メートル上がると、気温は０・６度下がっていく。標高３０００メートルの山の気温は、平地より18度も低くなるのだ。

高山植物は氷河期の植物の生き残りと言われている。また山の環境に合うように進化した固有種も見つかっている。

・代表的な高山植物

代表的な高山の花をいくつか紹介する。

大きな黄色い花を咲かせる「ニッコウキスゲ（日光黄萓）」はユリ科の高山植物。日光の霧降高原の群生地が有名。

ユリ科の「コバイケイソウ（小梅蕙草）」は比較的湿気の多いところに咲く。

キンポウゲ科の「ハクサンイチゲ（白山一花）」は小柄な白い花を咲かす。日本アルプスを代表する高山植物だ。

キンポウゲ科の「シナノキンバイ（信濃金梅）」は大きな黄色い花を咲かせる。信濃地方に多く咲き、梅のような花を咲かせるのでシナノキンバイと名付けられた。

「コマクサ（駒草）」は高山植物の女王と呼ばれている。ピンクの花が可愛い人気の高山植物だ。名前の由来は花が馬（駒）の顔に似ているから。群生することが多い。

小さい白い花を咲かす「チングルマ（稚児車）」も人気の高山植物だ。白い花が咲き終わると花はピンクの綿状になる。チングルマの名前の由来は、実の形が子供（稚児）の風車に見えたことから。意外だがチングルマは草ではなく木の仲間である。

特徴的な黄色い花を咲かせるのは「イワベンケイ（岩弁慶）」。大きな花に見えるが実際は小さな花びらが集まったもの。イワベンケイの名前の由来は岩の上でたくましく育つ様を弁慶に例えたもの。

「ヒメウスユキソウ（姫薄雪草）」もよく知られている。木曽駒ヶ岳で多く咲くことから「コマウスユキソウ（駒薄雪草）」と呼ばれることもある。綿毛のある厚めの白い花を咲かせる。ヨーロッパでは「エーデルワイス」と呼ばれ、ミュージカル「サウンド・オブ・ミュージック」の挿入歌のタイトルとしても有名。

・花の名前の覚え方

高山植物の名前はどうやって調べると良いのだろうか。まずはハンディサイズの高山植物図鑑を用意する。山で図鑑を調べるのも良い。とりあえずは写真を撮り、家に帰ってから図鑑で調べても良い。

最近は花の名前を調べられるスマートフォン用のアプリも登場している。無料のアプリから試すのが良いだろう。

高山植物の名前を覚えるのは難しい。どうやって高山植物の名前を覚えたらいいのだろうか。

ひとつの方法としては、色別に花の名前を覚えるのもいい。この花は白い花のグループ、この花は黄色い花のグループ、といった具合にグループ別で覚える。

また、漢字で覚えるのもいい。先ほど紹介した花の名前には漢字も記載した。漢字は意味も分かるし、印象も残りやすい。

・高山植物の撮影

高山植物を撮影しているが思ったようにうまく撮れない、と感じたことはないだろうか。

高山植物を撮影するなら、接写機能が付いたコンパクトデジタルカメラがお奨めだ。接写機能付きのコンパクトデジタルカメラは、被写体（高山植物）との距離を1センチメートルまで接近して撮影できる。

もちろんズームも付いているので、高山植物の群生から花びらの細部まで、1台で撮影することができる。

・高山植物が見られる山

高山植物を見るにはどの山が良いだろう。最初に山の花に着目し『花の百名山』を著したのは脚本家・作家の田中澄江氏である。花の百名山を辿るのもいいだろう。

高山植物を見るなら、北アルプスの白馬岳がお奨めだ。「ウルップソウ」が有名。「ミヤマキンポウゲ」なども見られる。白馬岳や白馬大池でたくさんの高山植物を見ることができる。栂池自然園ならロープウェイで行くことができるので便利である。

槍ヶ岳の槍沢上部では「ハクサンイチゲ」、穂高岳の涸沢カールは「クルマユリ」や「チングルマ」、「イワベンケイ」を見ることができる。

北海道の大雪山も良い。旭岳周辺の姿見平や間宮岳で群生した高山植物を見ることができる。

上信越の火打山もお奨めだ。「ヒメジャン」や「イワショウブ」を見ることができる。池塘を抱えた湿原が広がっており見晴らしが良い。

木曽駒ヶ岳は千畳敷カールが素晴らしい。「コバイケイソウ」や「イワベンケイ」、「ミヤマシオガマ」などを見ることができる。ここもロープウェイで行けるので便利である。

高山植物は花によって開花時期が違う。見たい花の開花時期を確認してから出かけよう。

▼野点《のだて》

山での休憩時間の基本は、息を整えて水分を補給し、必要があれば行動食をとる。併せてウェアを調整し、靴ひもなどの装備の確認を行う。

寒い時期の水分補給は温かい飲み物がうれしい。コーヒーや紅茶、ココアなどの飲み物が多いだろう。スープや味噌汁なども体が温まる。コーヒーの粉を持参してドリップコーヒーを山中で楽しんでいる人も多い。

・野点とは

ここでお奨めするのは野点である。野点とは屋外で抹茶を淹《い》れて楽しむ茶会のこと。これを山で楽しむのだ。山で抹茶を楽しめるなんて、魅力的ではないだろうか。

必要な道具は茶碗と茶せん、抹茶の粉を入れる棗《なつめ》と抹茶の粉をすくう耳かきのような茶杓《ちゃしゃく》。後は茶碗を拭く茶巾と、下に敷く盆があればいい。現在は野点道具一式がセットになったものを販売している登山用品店もある。

好きなお茶菓子も用意する。野点を行う場所は休憩地点でもいいし、山頂や山小屋でもいいだろう。湧き水で茶を点てられたら最高だ。

・野点にお奨めの山

野点を行うなら静かな低山が良い。もちろん日本アルプスの山で野点をしても構わない。低山ならのんびり過ごすことができる。

東京都の高尾にある陣馬山がお奨め。陣馬山の山頂は広くて静かだ。コースタイムは景信山と合わせて登っても5時間強。陣馬山だけなら往復1時間20分である。

奥多摩の日の出山もお奨めである。御岳山までケーブルカーで登り、日の出山を経由して武蔵五日市駅方面へ下山すれば約3時間。下山口には日帰り温泉施設「つるつる温泉」があるので汗を流すことができる。

奥多摩の高水三山も良い。三山を巡ってもコースタイムは4時間強である。帰りは御嶽駅周辺で蕎麦を食べて帰るのもいいだろう。

丹沢にある弘法山もお奨め。弘法山のコースタイムは2時間30分。弘法山の歴史に触れるのも楽しい。鶴巻温泉駅へ下山すれば、日帰り温泉施設があるので汗を流すことができる。

秩父の伊豆ヶ岳も静かな山である。コースタイムは約5時間。コースにある神社「子ノ権現」は足の神様だ。登山者はぜひ拝んでいこう。

秩父の蓑山も手軽に登れる山だ。コースタイムは約3時間。ゆっくり野点ができる。最寄りの和同黒谷駅周辺には、日帰り温泉施設があるので利用するのも良い。

▼読書

ここでは、ソロトレッキングならではの山の過ごし方として読書をお奨めする。準備するのは文庫本を一冊、ザックに入れるだけだ。

本があれば山小屋やテントでの空き時間や寝る前に読書を楽しめる。

バスを待つ時間にも読むことができる。登山口の最寄りのバスは本数が少ないことが多い。一日に4便しかないバスもある。長時間バスを待つ間、読書をすれば時間を潰すことができる。天候悪化で山小屋に留まるときも、本があればうれしい。

ビバーク訓練でも読む本があれば、長い夜を落ち着いて過ごせるだろう。いつもザックに1冊、本があれば安心である。持っていく本は何でも良い。山の本でも、それ以外の本でもいい。

しかし新しい本を持っていってはいけない。つまらない本だったら無用の荷物となる。読みかけの本を持っていくのがお奨めだ。

単行本より軽いので、文庫本がお奨めだ。しかし文庫本は軽いから、といって何冊も持っていくと重くなるので注意しよう。

夜にテントなどで読書する場合は、ヘッドランプを使うので、電池の予備を忘れないようにする。ヘッドランプはＬＥＤ光にして、電池を節約して読書をしよう。

▼温泉

ここでお奨めするのは下山後に入る温泉だ。

日本の山は火山が多いので、山の麓に良い温泉がたくさんある。

・温泉の種類

下山後に楽しめる温泉のタイプとしては、まずホテルや旅館などの温泉宿がある。宿泊しなくても立ち寄り湯に入れる温泉宿もたくさんあるので、立ち寄り湯が可能か、事前に確認しておこう。

次のタイプは共同浴場。温泉の共同浴場が開放されている地域がある。たいていは無料だ。夜は地元の人が入浴するため、開放されている時間が日中に限られている共同浴場もある。できれば事前に確認していくのが良い。

あとは日帰り温泉施設。このタイプの温泉は民間だけでなく自治体なども運営しているので、比較的多く見られる。

▼下山後に行きたい温泉

下山後に行きたい、お奨めの温泉を紹介していこう。

北海道の後方羊蹄山に行くなら「ニセコ五色温泉旅館」がお奨め。温泉は青みがかったお湯で、もちろん源泉掛け流しである。源泉は2つある。毎日、多くの人が立ち寄り湯に訪れる。

五色温泉旅館は夏季だけでなく冬季も利用できるので、露天風呂から雪見ができる。宿泊料金がリーズナブルで食事も美味しい。ゆっくり滞在したい温泉だ。

青森の八甲田山は「酸ヶ湯《すかゆ》温泉」が有名だ。登山口にあるので便利である。温泉は総ヒバ造りの「ヒバ千人風呂」という大浴場で、160畳の浴室は1000人が同時に入れるという。浴室には4つの源泉の異なる浴槽がある。白濁した酸性硫黄泉は効能も多く、よく温まる。

浅間山（長野県・群馬県）にある「天狗温泉　浅間山荘」も登山口にある。温泉は赤褐色が濃い温泉だ。鉄分の含有量が多いのでしっかり温まる温泉だ。立ち寄り湯が可能。食事処では打ちたての手打ち蕎麦がお奨めだ。

山梨県の鳳凰三山の登山口にあるのは「青木鉱泉」だ。木造の建物は釘を使わない鴨居造りという歴史のある建物。登山口にひっそり建つ青木鉱泉は、山菜川魚料理が売りの宿。

立ち寄り湯が可能だ。
温泉は黒味を帯びた弱酸性。鉱泉を薪で沸かしたもの。この温泉だけを目当てに訪れる人も多い。なお冬季は休業しているので注意しよう。

新潟県にある妙高山の登山口、標高１１００メートルにある「燕温泉」には無料の露天風呂がある。登山口から徒歩３分のところにあるのが「黄金の湯」。男女別の露天風呂だ。周りは樹林。源泉掛け流しの泉質は白濁した硫黄泉。野趣あふれる人気の露天風呂だ。ここにはもうひとつ露天風呂がある。登山口から山道を12分歩いたところにある「河原の湯」だ。こちらは混浴の露天風呂。源泉掛け流しのお湯は乳白色。渓谷の脇にある。どちらも入浴できる時間は日の出から日没まで。冬季は雪のため閉鎖されている。また管理人はいないので衛生・美化に努めたい。

長野県小谷村にある雨飾山《あまかざりやま》の登山口にも無料の露天風呂がある。「雨飾高原　露天風呂」という。男女別の源泉掛け流し露天風呂だ。
露天風呂の周囲はブナ林。泉質はナトリウム、炭酸水素塩泉。夜９時まで利用できる。

入浴料は無料だが、300円程度の寸志を募っている。ぜひ協力しよう。こちらも管理人はおらず、冬季は閉鎖されている。

「深山荘《しんざんそう》」は新穂高ロープウェイから程近い奥飛騨温泉郷　新穂高温泉にある。新穂高温泉には多くの宿があるが、深山荘は大露天風呂で有名な宿である。源泉掛け流しの露天風呂は渓谷沿いにあるので、川の中にいるような気分になる。立ち寄り湯が可能なので野趣満点の露天風呂を楽しもう。

下山後に行きたい温泉の紹介は以上である。

登山を計画するときは下山後の温泉も計画しよう。立ち寄る温泉の場所を確認し、登山口から温泉への交通も確認する。計画をうまく立てて、下山後の温泉を満喫してほしい。

▼居酒屋

下山後は温泉以外にも楽しみ方がある。居酒屋巡りがお奨めだ。下山後に寄れる居酒屋をいくつか紹介する。

奥多摩の山から下山してＪＲ奥多摩駅を使うなら、美味しい肴とお酒が飲める奥多摩駅近くの居酒屋をお奨めする。

お店の名前は「むら㐂《き》」。奥多摩駅を出てから1分のところにある。女将さんがひとりでやっているカウンターだけの小さな店。店の外にザックを置いてから入店する。

お奨めの料理は餃子。その他、奥多摩の新鮮な山菜を使った料理。刺身もお奨めだ。刺身には奥多摩のワサビが供される。山菜や刺身に合わせるのは、地元の日本酒が良い。

ＪＲ中央本線の上野原駅を使うなら、駅前の「一福食堂」がお奨めだ。老夫婦がやっているものすごくレトロなお店。

この店の特長はメニューが豊富なこと。もつ煮やお新香などのおつまみから、ラーメンや炒飯に餃子、刺身やざる蕎麦まである。下山後に立ち寄る人も多い。たくさんのメニューに迷いながらひとり飲みを楽しもう。

西武池袋線　秋津駅の近くに、人気の焼き鳥店がある。店の名前は「焼き鳥野島」。立ち飲みの居酒屋である。

お奨めはもちろん焼き鳥。タンやハツ、なんこつなどの焼き鳥がすべて一本90円。しかも肉の量は他の店の2倍はある。つまみもたくさんあり、どれも安い。お店は午後3時開店。

このお店の面白いところは注文方法である。焼き鳥やお酒を注文したときに名前を聞かれるのである。注文したものができあがるとお店の人は名前を呼ぶ。名前を呼ばれた人は返事をして注文したものを受け取るのである。

帰るときは名前を言えば精算してくれる。大きな焼き鳥と美味しいつまみを食べ、ひとり飲みを堪能しよう。

下山後に寄る居酒屋の紹介は以上である。居酒屋に立ち寄るときは、飲む前に帰りの電車の時刻を確認しておくこと。そして飲みすぎには注意しよう。

▼山の知識検定

ここでは山の知識検定の受験をお奨めする。

山の知識検定は、山の知識があれば遭難や事故をもっと減らすことができるという思いから、一般社団法人日本山岳検定協会が年に1回実施している。

山の知識検定は毎年11月に東京、大阪と名古屋で実施される。検定コースは3段階に分かれていて、ブロンズ、シルバー、ゴールドの3コースがある。ブロンズが一番簡単で、ゴールドが一番難しい。ブロンズは誰でも受験が可能。

シルバーはブロンズの合格者が受験できる。ゴールドはシルバーの合格者が受験できる。なおブロンズとシルバーは同時に受験することが可能だ。受験料はブロンズが3300円、シルバーが4400円、ゴールドは5500円だ。受験時間はいずれも1時間40分である。

出題範囲はとても広く、3つのカテゴリーに分類されている。

1つ目は山の安全に関する知識。内容は装備、技術、食料、運動生理、救急、地図、レスキューなどといったもの。

２つ目は山の自然に関する知識。内容は地理、気象、観天望気、動物、植物、自然遺産などといったもの。

３つ目は山が楽しくなる知識。内容はリーダーシップ、歴史、先駆者、地名、芸術、山の雑学などといったもの。山の名前や標高、山菜、きのこや登山史、山の歌まで出題される。山に必要な知識や雑学がまんべんなく習得できるのでぜひ受験してほしい。


どのように勉強すればいいのかというと、日本山岳検定協会が標準テキストを販売しているので、これを購入して勉強しよう。

協会からは過去問題も販売されているのでこれも利用できる。そのほか、有料だがインターネットでミニ検定という模擬試験を受けることができる。

またブロンズとシルバーは、スマホ用の学習アプリが提供されている。それぞれ５００円でアプリが購入できる。時間が空いたときに手軽に学べるので便利だ。

山の知識検定は、登山に必要な知識を網羅している。ソロトレッキングの登山者のスキルアップにとても良い。ぜひ山の知識検定を受験してほしい。

※山の知識検定　https://yama-kentei.org/

参考文献一覧

ガイドの基礎的知識教本 改訂版 （公益社団法人日本山岳ガイド協会　編集・発行）
山のファーストエイド教本 （金田正樹　著　公益社団法人日本山岳ガイド協会　発行）
自然登山ガイドの専門的知識教本 （公益社団法人日本山岳ガイド協会　編集・発行）
百万人の山と自然「講座 登山 基礎」（公益社団法人日本山岳ガイド協会　編集・発行）
新ヤマケイポケットガイド3「高山の花」（永田芳男　著　山と渓谷社）

あとがき

私が本格的に登山を始めたのは39歳のときからでした。遅いスタートだと思います。しかしどんどん登山の魅力にはまっていきました。気づくと300を超える山に登頂していました。

ひとりで山に登るのは不安が多い半面、感動も多いものです。

はじめての山小屋泊登山ではあいにく雨のソロ山行でしたが、山小屋の主人が、雨でも来てくれたからと特別に日本酒を振る舞ってくれました。

はじめてのテント泊登山では、星空を満喫しながら眠りにつきました。

はじめての避難小屋泊登山は日本海側の山で、ラジオを聴こうとしたら韓国の放送ばかり聞こえて驚いたこともあります。

ひとりで素晴らしい絶景に出会うと、喜び合える仲間がいないことは少し寂しいと思います。しかし団体で来たら、絶景を静かに愛でることはできないな、と思い直します。ソロトレッキングを続けていけば、楽しい思い出が増えていきます。

ソロトレッキングでは、危ないことも辛いこともあります。危険な岩場では滑落しないよう慎重に通過します。とても緊張しますね。道に迷ったときなどはとても焦ります。現在地を特定できずに長い時間歩いたこともあります。

登山口などで行方不明者を捜す張り紙が時々あります。その張り紙が、遭難した日から1年も経っているのに気づくと心が痛みます。

本書は自身の経験を踏まえて、単独登山の安全に役立つ本を書きたいと思い執筆しました。滑落事故や行方不明者が出ないようになれば良い。これが一番の希望です。

そうした思いから、ソロトレッカー自身が徐々にステップアップできるような構成の内容にしました。

またソロトレッキングならではの楽しみ方は、ぜひトライしてみてください。思い出が増えていきますよ。

登山の技術や装備は日々進歩しています。日頃から皆様自身で情報を集めて最新の知識に更新してほしいです。

最後になりましたが、本書を刊行するきっかけを与えてくださった文芸社の田口小百合氏、同じく編集作業などで様々なアドバイスをくださった同社の吉澤茂氏に深く感謝いたします。

※本文の内容は２０２０年６月現在の情報です。

※「マップコード」および「MAPCODE」は（株）デンソーの登録商標です。

著者プロフィール

長谷川 治宏（はせがわ はるひろ）

東京都出身。山岳・アウトドアライター。
「月刊 山と渓谷」誌などの記事を執筆する。
会社勤めのころ山歩きを始め、国内外の多くの山をひとりで歩いてきた。
2014年キリマンジャロ山登頂。
著書に『ヤマケイアルペンガイド 奥多摩・奥秩父』（共著、山と渓谷社）がある。
登山ガイド、日本自然保護協会自然観察指導員。

ソロトレッキングの登山術
ひとりで楽しく安全に山を歩くためのガイドブック

2020年8月15日　初版第1刷発行

著　者　長谷川 治宏
発行者　瓜谷 綱延
発行所　株式会社文芸社
〒160-0022　東京都新宿区新宿1－10－1
電話　03-5369-3060（代表）
03-5369-2299（販売）

印刷所　株式会社フクイン

ISBN978-4-286-21856-4